上海高校服务国家重大战略出版工程资助项目

国家教育宏观政策研究院
National Institutes of
Educational Policy Research

美国创新和竞争力战略丛书　　主编　赵中建

创新引领世界

美国创新和竞争力战略

赵中建　主编

Innovation
Leading the World

American innovation and competitiveness strategy

华东师范大学出版社
上海

图书在版编目(CIP)数据

创新引领世界：美国创新和竞争力战略/赵中建主编.—上海：华东师范大学出版社,2021
ISBN 978-7-5760-1499-0

Ⅰ.①创… Ⅱ.①赵… Ⅲ.①技术革新-科技政策-研究-美国 Ⅳ.①F171.243

中国版本图书馆 CIP 数据核字(2021)第 118502 号

2016 年上海高校服务国家重大战略出版工程项目

上海文化发展基金会图书出版专项基金资助出版

创新引领世界：美国创新和竞争力战略

主　　编　赵中建
策划编辑　彭呈军
项目编辑　张艺捷
审读编辑　李　鑫
责任校对　郭　琳　时东明
装帧设计　刘怡霖

出版发行　华东师范大学出版社
社　　址　上海市中山北路 3663 号　邮编 200062
网　　址　www.ecnupress.com.cn
电　　话　021-60821666　行政传真 021-62572105
客服电话　021-62865537　门市(邮购)电话 021-62869887
地　　址　上海市中山北路 3663 号华东师范大学校内先锋路口
网　　店　http://hdsdcbs.tmall.com

印 刷 者　浙江临安曙光印务有限公司
开　　本　787×1092　16 开
印　　张　15.75
字　　数　230 千字
版　　次　2021 年 8 月第 1 版
印　　次　2021 年 8 月第 1 次
书　　号　ISBN 978-7-5760-1499-0
定　　价　58.00 元

出 版 人　王　焰

(如发现本版图书有印订质量问题,请寄回本社客服中心调换或电话 021-62865537 联系)

目　　录

序　言

2019 年 4 月,美国国防部发布《5G 生态系统:对美国国防部的风险与机遇》(The 5G Ecosystem:Risks & Opportunities for DoD)报告,其中极为简要地阐述了 5G 技术(Generation Technology,从 1G 到 5G)的发展史,以及因为中国华为在 5G 方面的技术已经远远领先于美国所有的公司并可向世界各国提供基站和终端手机,而让美国特朗普总统暴跳如雷直到宣布美国国家进入紧急状态的情况。报告明确指出:"中国已经通过一系列的大量投资和频谱分配计划而在 5G 发展方面领先了""5G 将使中国有潜力从资本密集型和劳动密集型制造业经济,转型至减少外来投资的创新引领和消费驱动的经济。"①

2018 年 11 月,美国著名智库"战略与国际研究中心"(Center for Strategic & International Studies, CSIS)发布《技术竞争与中国》(*Technological Competition and China*)报告,直指创新和竞争,认为中国已经发生了根本性变化,而美国犯了重大的战略性失误。"中美之间的竞争日益加剧,或许已达冲突之边缘,但这不是一场 19 世纪帝国间对控制领土和资源的竞争。与几个世纪前大国竞争迥然不同的是,这场竞争的重点不是军事实力的展示,也不是领土的扩张,而是对全球规则、制度、标准、贸易和技术之领导地位的争夺。创造新技术尤其是数字技术的能

---

① Defense Innovation Board (2019). *The 5G Ecosystem:Risks & Opportunities for DoD.* Washington DC:Department of Defense.

力(鉴于其对于政治、安全和经济增长的重要意义)已经成为影响中美关系的关键因素，并被深深打上经济上密切合作和政治上互补信任的印记。"报告认为，技术、创新、国家安全以及国际实力之间的联系已经得到广泛的认同，而"创新已经成为一个国家之国际影响力的核心要素"①。舆论界普遍认为，当前中美贸易战的核心在于对技术领导地位的竞争。②

显然，今口所突显的中美贸易冲突以及对高新技术的关注，既是 21 世纪初以来中美两国各自社会经济和科技发展至今的必然结果，也是近年来中美两国颇为关注科技创新和国家竞争力的促动因素。

纵观二战之后美国国家创新和竞争力的发展路径，可以清晰地发现促使美国政府关注和重视国家创新和加强竞争力的两个时间点：第一个时间点是 1957 年，苏联将世界上第一颗人造卫星发送上天；第二个时间点应该说是一个时间轴，由诸多事件所引发，这正如由诸多美国大公司首席执行官组成的企业圆桌会议(Business Roundtable)会同其他 14 个著名机构和组织于 2005 年 7 月提出的《激活美国的潜力：为了创新计划的教育》(*Tapping America's Potential：The Education for Innovation Initiative*)报告所指出的：

约在 50 年前，苏联因发射人造地球卫星而震惊了美国人，这是地球上第一颗绕轨道运行的卫星。美国的回应是迅速而激烈的。在尔后一年不到的时间里，艾森豪威尔总统签署了《国防教育法》，这是恢复美国科学领先地位之努力的主要部分。

今天，我们国家面临着一次更为严峻的挑战，即使不那么显而易见。美国经济繁荣的支柱之一——我们科学和技术的优越——正开始萎缩，而此时其他国家则在开发着他们自己的人力资本。

---

① James A. Lewis(2018). *Technological Competition and China*. Washington DC：Center for Strategic & International Studies. November.

② 例如 Daniel Castro, Michael McLaughlin, and Eline Chivot (2019). *Who Is Winning the AI Race：China，the EU or the United States?* Washington DC：The Center for Data Innovation; Robert D. Atkinson and Caleb Foote (2019). *Is China Catching Up to the United States in Innovation?* Information Technology & Innovation Foundation.

如果我们去等待另一个剧烈的事件——一枚 21 世纪的人造卫星——那就太迟了。或许不会有进攻,不会有突然显露的时机,也不会有即刻显示其威胁的临头大祸。但是,却会有缓慢的摧毁,逐渐的下降以及在自满的美国与那些富有动力、决心和愿景来取代我们的国家之间不断扩大的鸿沟。①

这些"严峻的挑战"构成了一种"不具有类似'苏联人造卫星'警示的"慢性危机",犹如"沸水煮青蛙"的进程,但这一慢性危机又不像青蛙所处的水温,它不是一个缓慢的单一维度的变化。我们面临着诸多的问题,而每个问题就像镶嵌工艺品的一个小部件。这些问题中的任何一个都不会引发危机反应。②

在 21 世纪的最初几年,竞争力(competitiveness)和创新(innovation)成为美国政府和社会各界普遍关注的话题,而创新美国(innovate America)和创新教育(innovate education,"创新"在这里为动词)则开始时常出现在媒体的标题上,出现在人们的视野中,出现在各类机构或组织的报告中,出现在政府的政策文献中,其中真正引起国际社会对此予以关注的,是美国布什总统于 2006 年 2 月 2 日正式签署的《美国竞争力计划——在创新中领导世界》(*American Competitiveness Initiative: Leading the World in Innovation*)。其实在两天前的 1 月 31 日,布什总统在其 2006 年《国情咨文》(the State of the Union)中就对如何保持美国在世界经济中的领导地位和竞争力有过如下的论述:

美国的经济是健康和富有活力的,比其他任何发达国家发展得更快……美国的经济是卓越的,但我们在动态的世界经济中不能自满得意。我们正面临着新的竞争者,如中国和印度,而这造成了不确定性。

---

① 转引自[美]企业圆桌会议等著,赵中建译:《激活美国人的潜力:为了创新计划的教育》,《全球教育展望》2006 年第 12 期。详见本书附录 2。

② 国家科学院之国家工程院主席威廉·伍尔夫(William A. Wulf)博士在美国众议院科学委员会"科学、技术与全球经济竞争"听证会上的证词(2005 年 10 月 20 日)。

为了保持美国的竞争力,我们的承诺是最为必需的:我们首先必须继续在优秀人才和创造力上引领世界。我们在世界上的最大优势是我们总是有受过良好教育、勤劳工作且富有雄心的人民,我们将继续保持这一优势。

今晚,我将指出一条更好的道路:一份我们国家与信心竞争的议程;一份将提高生活水准并创造新工作机会的议程。美国人应该不惧怕我们的经济未来,因为我们旨在去形成这一未来。

今晚,我宣布一项《美国竞争力计划》,在我们的整个经济中鼓励创新,并使我们国家的孩子们在数学和科学方面打下坚实的基础。

布什总统的这一《美国竞争力计划》是以此前由美国国家科学院于2005年10月提交国会的《迎击风暴——为了更辉煌的经济未来而激活并调动美国》咨询报告为基础而形成的。[①]《美国竞争力计划》将咨询报告所提出的建议和设想转化为联邦行动计划,强调为了保持美国的竞争力,"我们首先必须继续在优秀人才和创造力上引领世界。我们在世界上的最大优势是我们总是有受过良好教育、勤劳工作且富有雄心的人民,我们将继续保持这一优势"。

《迎击风暴》这份500多页的咨询报告,则是国家科学院应美国国会议员的要求而在综合分析和调查研究的基础上提出的。2005年5月,美国参议院能源与自然资源委员会(Committee on Energy and Natural Resources)成员亚历山大(Alexander)和宾加曼(Jeff Bingaman)参议员要求国家科学院"对美国在21世纪的竞争能力和保持繁荣的能力进行评估",这一要求同时得到了美国众议院科学委员会(House Committee of Science)成员伯勒特(Sherwood Boehlert)和戈登(Bart Gordon)众议员的附议。他们提出的问题是:

---

① National Academies (2005). *Rising Above the Gathering Storm: Energizing and Employing America for a Brighter Economic Future*. http://www.nap.edu/books/0309100399/html.

为了使美国能够在 21 世纪的全球经济中成功地进行竞争、保持繁荣和确保安全,联邦决策者能够采取的改善科学和技术事业的十大行动是什么? 能够采用什么样的伴有具体步骤的策略来实施这些行动?

国家科学院随即成立了由 20 人组成的"繁荣 21 世纪全球经济委员会"(Committee on Prospering in the Global Economy of the 21ˢᵗ Century,以下简称"繁荣经济委员会"),来领导这项对美国竞争力以及如何维持和提高国家创新和竞争力进行评估的研究。繁荣经济委员会由美国工程院院士及前主席、洛克希德·马丁公司的退休董事会主席兼首席执行官诺曼·奥古斯丁(Norman R. Augustine)任主席,委员会其他成员主要包括诺贝尔奖获得者、公司总裁、大学校长、专家教授等。

亚历山大和宾加曼参议员提出的调查要求并非心血来潮,国家科学院 20 人的繁荣经济委员会仅仅依靠自身的力量在短短 5 个月内完成任务也绝非易事。可以说,两位参议员的要求的提出、500 多页《迎击风暴》咨询报告的问世、《美国竞争力计划》的签署,是在此前若干年(尤其自 21 世纪以来)各种研究报告的基础上形成的,而此类报告和文献则从不同的侧面指出了美国国家发展所面临的问题和挑战以及解决问题和迎接挑战的建议或策略。这些研究报告大致可以分为如下三类。

第一类报告主要出自美国政府各部门,尤其如总统科学技术顾问委员会之手,例如:

- 总统科学技术顾问委员会:《评估美国研究和开发的投入:发现和建议的行动》,2002 年。
- 白宫:《新一轮美国创新》,2004 年。
- 总统科学技术顾问委员会:《维护国家的创新生态系统:保持我们科学和工程能力之实力的报告》,2004 年。
- 美国总统执行办公室:《为了 21 世纪的科学》,2004 年。
- 国家智力委员会:《勾画全球的未来:国家智力委员会 2020 年项目报告》,2004 年。
- 美国教育部:《回应变革世界之挑战:为 21 世纪而加强教育》,

2006 年。

第二类报告主要是由政府资助的一些委员会所进行的研究之成果,主要如:

- 国家科学委员会:《科学及工程类劳动力:明确美国的潜力》,2003 年。
- 国家工程院:《工程研究和美国的未来:应对全球经济的挑战》,2005 年。
- 国家科学院繁荣 21 世纪全球经济委员会:《迎击风暴——为了更辉煌的经济未来而激活并调动美国》,2005 年。

第三类报告主要由一些企业组织或专业委员会进行研究的报告所组成,例如:

- 竞争力委员会:《创新美国:在挑战和变革的世界中达至繁荣》,2004 年。
- 全国制造业者协会:《蜃景式的劳动力危机:让美国工人做好 21 世纪竞争的准备》,2005 年。
- 美国电子协会:《竞争优势正在丧失:美国科学和技术的挑战》,2005 年。
- 企业圆桌会议:《激活美国人的潜力:为了创新计划的教育》,2005 年。
- 经济发展委员会:《为未来而学习:变革数学和科学教育的文化以确保能竞争的劳动力》,2003 年。
- 经济发展委员会:《创领导全球之能力的教育:国际研究和外语教育之于美国经济和国家安全的重要意义》,2006 年。
- 成就公司:《促进美国高中的行动议程》,2005 年。
- 企业—高等教育论坛:《美国在世界中的作用:美国企业和高等教育面临之挑战》,2005 年。
- 研究生院协会:《21 世纪的国家国防教育法:重新致力于研究生教育》,2005 年。
- 美国大学联合会:《国防教育与创新计划:应对 21 世纪美国经济

和安全的挑战》,2006 年。

除了作为《美国竞争力计划》之基础的《迎击风暴》外,这里还须提及的另一份里程碑式的报告,是美国竞争力委员会(Council on Competitiveness)于 2004 年 12 月发布的《创新美国:在挑战和变革的世界中达至繁荣》。[1] 美国竞争力委员会是一个创建于 1986 年的著名智库,旨在研究增强美国经济竞争力的政策,并向政府和其他有关部门提供建议,其成员组成单位是美国一些著名的企业和高等院校,如 IBM、通用汽车、斯坦福大学、哥伦比亚大学、麻省理工学院等。

2003 年 10 月,竞争力委员会召集了来自著名大学、企业、产业协会和政府部门的 400 多名管理者和学者,提出了"国家创新计划"。此后,由 20 位美国大学校长和企业首席执行官组成国家创新计划执行委员会,并下设行动工作组,分别对"21 世纪创新展望""创新的边界""创新技能""创新投资""创新环境及基础""创新市场""公共部门创新"等专题开展研究。[2]

2004 年 12 月,竞争力委员会在华盛顿召开了"国家创新峰会"(National Innovation Summit),并随即出版了此次峰会的最终报告,即《创新美国:在挑战和变革的世界中达至繁荣》。《创新美国》对国家创新和创新精神给予了极高的评价,认为:"创新精神是决定美国在 21 世纪唯一的最重要的因素";"创新精神一直就深深地扎根于美国的国家精神之中。在这个国家诞生之初,美国人民就根本性地关注于探索、机遇和发现,关注于新的起点和疆界的突破";"美国从始至终就是一部关于希望的历史,而创新正是希望在社会和经济上的展示"。《创新美国》形象地将美国比作一家企业,并认为"自由和探究的精神已成为我们的核心竞争力,而创新的能力是将竞争力完全转化为成果的基础""我们美国人一旦停止创新,就不再是真正的美国人"。

---

① Council on Competitiveness (2004). *Innovate America*: *Thriving in a World of Challenge and Change*. http://www.compete.org/pdf/NII_Interim_Report.pdf.

② 上海科技发展研究中心:《创新,决定 21 世纪成败的唯一要素——美国创新所面临的挑战和机遇》,《华东科技》,2006 年第 3 期。

《创新美国》认为，美国发现自己正处在由两种前所未有的转变所形成的独特且微妙的历史交合点上：一种是全球竞争的本质；另一种则在于创新本身，具体来说：

1. 整个世界正发生着戏剧性的变化，相互联系、相互竞争的趋势更加明显。与此同时，经济上的相互依赖正在加强。因此，美国作为世界上唯一的超级大国正处在一种陌生的位置。毫无疑问，从历史上看这种境遇是全新的，从目前的或潜在的对手那里既拥有机会也面临着危险，然而更多的认识或许来源于美国自身选择如何处理这种地缘政治的现状。认识这一点是非常重要的。

2. 就创新跨越的地域和领域、创新的影响速度和范围、创新的人员而言，创新产生的地点、方式和原因一直都在变化。不论从什么角度看，创新的竞技场已经铺就，创新的障碍正在消失。这种转变无论发生在何时，在其背后总伴随着经济和社会运行方式的转变，其中包括创造价值的新方式和衡量成功的标准，以及对竞争优势的重新排序。在 21 世纪，这种转变的步伐在继续加快。

在这个"历史交合点上"，美国将采取怎样的行动？美国是否认识到这一问题的多方面本质？《创新美国》认为这是美国必须回答的问题，"美国必须领先和领导一个开放的和竞争的全新时代，以机敏的头脑和不变的热情作为动力，并通过终身学习、技术的威力以及创新进程本身无限的创造力来实现这一目标"。《创新美国》为此而明确了由"人才""投资"和"基础设施"三部分来构成国家创新计划的基本内容。

正是前述的《创新美国》、《迎击风暴》和《美国竞争力计划》这些研究报告和政府政策，开启了 21 世纪美国国家创新和竞争力战略的征程，以助力美国继续保持其世界领袖地位。

＊　＊　＊　＊　＊

《美国创新和竞争力战略》丛书，以新世纪为起点，以美国政府文献为依据，以国家创新政策为蓝本，着力展现 21 世纪美国创新和竞争力的发展路径，并试图从中透视出美国浪涛迭起的"创新潮"。丛书主要包括如下三本著作。

《创新引领世界——美国创新和竞争力战略》,此书初版于 2007 年,着重精选了布什总统执掌白宫 8 年期间的若干重要文献。此次修订作了部分增删,现主要包括《新一轮美国创新》(白宫政府,2004)、《维护国家的创新生态系统:信息技术制造和竞争力报告》(总统科技顾问委员会,2004)和《维护国家的创新生态系统:保持我国科学和工程能力之实力的报告》(总统科技顾问委员会,2004)、《为了 21 世纪的科学》(国家科学和技术委员会,2004)、《创新议程:致力于保持美国第一的竞争力》(众议院民主党,2005)、《美国竞争力计划:在创新中引领世界》(白宫政府,2006)以及此次新增加的美国国会于 2007 年通过的《美国为有意义地促进技术、教育和科学之卓越而创造机会法》(*America Creating Opportunities to Meaningfully Promote Excellence in Technology*,*Education*,*and Science Act*)的部分内容(该法英文中除第一个和最后一个单词外,其余单词以首字母缩写而成为 COMPETES,因而该法英文又缩写为 America COMPETES Act,故直接简称《美国竞争法》),较全面展示了布什政府关注国家创新和竞争力的政策发展进程。

《创新政策新进展——美国创新和竞争力战略》,着重介绍奥巴马成为美国总统而入主白宫期间的国家创新之路,其主要内容涉及这一时期美国政府的一系列重要政策,主要包括《重整美国制造业之框架》(总统行政办公室,2009)、《美国的竞争力和创新力》(美国商务部,2012)、《致力于超越:培养百万名科学、技术、工程和数学学位之大学毕业生"(总统科技顾问委员会,2012)、《在先进制造业获得国内竞争力优势》(总统行政办公室和总统科技顾问委员会,2012)、《重访再论 STEM 劳动力:2014 年科学与工程指标》(国家科学委员会,2015)、《美国创新战略》(国家经济委员会和科技政策办公室,2015),以及展示美国未来科学研究之重点的《国家科学基金会未来资助的"十个大概念"》(国家科学基金会,2016),较全面展示了奥巴马政府关注国家创新和竞争力的政策发展进程。

《美国创新和竞争力路径图透视》一书,着重展现从 2000 年至今美国政府和政府机构以及高等院校、社会机构和知名智库在日益激烈的国际竞争形势下,如何思考美国的创新和竞争力战略的发展路径。研究内容主要涉及 21 世纪以来美国有关创新和竞争力政策的发展路径和脉络,对汇聚各方力量的各类研究报告作一概括和总结,尤其聚焦于著名的《创新美国》和《迎击风暴》,分析其最终提出的政策建议,并分别对布什政府和奥巴马政府的创新政策和竞争力战略作一梳理,以利于最终理解美国政府虽有两党之争,但在通过创新和竞争力战略以维护美国之世界领袖地位方面惊人一致的立场。

本丛书系笔者主持华东师范大学国家教育宏观研究院"美国国家创新政策研究"项目的主要成果,亦是笔者主持并已结题的上海市教育委员会科研创新项目"美国创新和竞争力路径图研究"(该项目完成"将学术科学转变为经济引擎——美国创新创业型大学的兴起"、"高校科研成果转化的美国路径"等八篇研究论文)的后续成果。本丛书与笔者主编之《创新创业型大学建设译丛》(上海科技教育出版社,2016—2018)同年入选"上海高校服务国家重大战略出版工程资助项目"。

* * * * *

《创新引领世界——美国创新和竞争力战略》除了前述的政策文献外,还新增两个附录。布什总统在 2006 年正式签署发布《美国竞争力计划——在创新中领导世界》,使其成为美国在 21 世纪最早且最具影响力的有关创新和竞争力的联邦政府文件,而为了使"创新"真正成为全美共识并使联邦政策在州级层面得到落实,美国各州州长于 2007 年 2 月 25 日聚会华盛顿,在全美州长协会冬季会议上,把"创新"列为此次会议的主要议题,并高度强调了科学、技术、工程和数学(STEM)在各州乃至全美创建"创新环境"中的重要意义。会议还以全美州长协会名义公布了一系列文件,作为附录 1 的《行动呼吁:美国为什么必须创新》则是其中之一。附录 2《激活美国的潜力:为了创新计划的教育》是美国企业圆桌会议会同其他 14 个组织在 2005 年 7 月提出且在美国颇有影响的有关教育与创新问题的一份报告。企业圆桌会议是美国大公司首席执行官的一个协会,属于非营利性机构。企业圆桌会议致力于促进美国经济增长,确保美国拥有未来竞争所必需的受过良好教育和培训的劳动力,并关注对美国经济福利产生影响的各种问题,包括教育问题。

　　本书所选文献是从布什总统任职期间的诸多政府文献中精选而成。此次借《美国创新和竞争力战略》丛书出版之际,《创新引领世界》得以修订并予以重新出版。原书的翻译工作由我和我的部分研究生(黄丹风、李雪飞、马川蓉、邵兴江、吴敏、肖玉敏、朱孟琴等)共同完成,并由我审校全部译稿。我对各位研究生的辛勤劳动表示感谢。如果没有华东师范大学出版社的大力支持,尤其是责任编辑张艺捷的辛勤工作和不断敦促,本书的修订出版可能还会得以拖延,在此一并致以真诚的感谢。

赵中建

上海纽约大学/华东师范大学

2020 年 5 月 1 日

第一章[①]
新一轮美国创新

一、概　　要

美国的经济之所以能引领世界,得益于我们的私营企业系统鼓励创新。企业家、科学家和熟练工人对技术的创造和应用,正改变着整个世界。布什总统坚信,政府应当帮助开创新一轮美国创新,营造使创新走向繁荣的氛围。

2004年4月26日,布什总统宣布了一系列具体措施以鼓励新一轮的美国创新,包括鼓励清洁的安全型能源,确保提供更好的医疗保健服务,以及将高速互联网推广至全美各个角落等政策。通过给我们的员工以最好的技术和最好的培训,我们将确保美国的经济仍然是世界上最为灵活、最为先进和最具生产力的经济。

在未来,我们将通过氢燃料技术提供更为清洁和更为安全的能源。总统宣布,能源部已经通过竞争程序挑选出合作伙伴,为新型氢能研究项目提供3.5亿美元的资助(如加上私营部门提供的研究费用则总额达5.75亿美元),旨在克服迈向氢经济的各类障碍。上述3.5亿美元的资

---

① White House (2004) *A New Generation of American Innovation*, http://www.whitehouse.gov/infocus/technology/economic_policy200404/toc.html

助约占总统所承诺的将氢和燃料电池技术从实验室阶段转到展示厅阶段提供的 12 亿美元研究资助总额的 1/3。这些项目将包括向学术界、产业界和国家实验室提供的 28 项奖励。新型氢能源项目致力于以下四大关键领域:

- 创建有效的氢能源储存体系。当前的氢能源储存体系不能满足消费者所要求的各类车辆的实际使用需求。为了解决氢能源储存这一严峻的问题,我们应当进行探索性的研究和开发。
- 进行氢能车辆和基础设施的"学习性示范"(learning demonstrations)。为了配合实验室的研究,汽车制造商和能源企业应当共同合作,为国家的氢基础设施开发一体化的技术解决方案。这些示范将为我们提供使用氢能的燃料电池汽车和氢补给基础设施在性能、成本和耐用性方面的重要数据。这些新数据将帮助我们随着研究进程的推进,重新调整研究的优先事项。
- 开发经济耐用的氢能燃料电池。如今,燃料电池的价格比内燃机的价格高出 10 多倍。5 家企业将参与新的成本分担计划,为消费型电子装备、辅助电源和越野应用开发燃料电池。
- 实施氢能教育运动。新的努力目标将致力于培育下一代美国劳动力,鼓励学生参与科学和技术研究,克服进入氢经济的公共教育障碍和认同障碍。

利用医疗保健信息技术改革医疗保健。布什总统相信,电子病历以及安全的医疗信息交换方面的创新将有助于美国医疗保健的改革——提升医疗保健质量,减少医疗保健成本,防止医疗过失,提高行政效率,减少文书工作,使更多的民众可享受能够承受的医疗保健服务。布什总统已经制定了一个宏伟目标,即确保未来十年内绝大多数美国人都将拥有电子病历。为了达成这个十年目标,总统采取了以下措施,督促公共部门和私营部门共同协作,以推动医疗保健信息技术更为广泛地使用:

- 采用医疗保健信息标准。总统呼吁同私营部门合作,制定和使用统一的标准。这一标准将在确保私密和安全的基础上能够对医疗保健信息进行电子储存和共享。

- 对医疗保健信息技术示范项目的资助总额翻番,增加至1亿美元。为了在医疗保健标准领域中取得更大的成就,布什总统在2005财政年度预算中提议为医院和医疗保健提供者提供1亿美元的资助。这项资助将帮助我们测试医疗保健信息技术的有效性,并为在医疗保健业中能更为广泛应用此项技术而进行最好的实践。

- 促进医疗保健信息技术的采用。作为医疗保健业中最大买家之一的联邦政府,可以激发医疗保健机构采用电子病历的动机,并提供相应的机会。

- 设置一个新的、副内阁级别的国家医疗保健信息技术协调人。总统将责令该国家协调人(National Coordinator)同政府、产业界和相关领域的专家合作,帮助实现总统所期望的医疗保健体系的愿景。这一愿景以病人为中心,让病人有机会向医疗保健专业人员咨询从而获取进行医疗和经济决策所需的信息。

利用宽带技术促进创新和经济安全。 总统呼吁到2007年为止,提供普遍且廉价的宽带接入技术,并确保美国公民在购买宽带时拥有充分的技术选择。宽带技术将增强我们国家的经济竞争力,并有助于改善全体美国人的教育和医疗保健。宽带为美国公民提供高速的网络连接,这将有助于提升国家的生产力,并提供改善生活的相关应用,如远程学习、远程医疗诊断等,以及更为有效的家庭办公能力。布什政府实施了一系列政策指示,以增加经济动机、扫除规章制度障碍,以及推进新的技术,从而使宽带技术更为经济实用。布什总统坚信,降低宽带成本将增加宽带技术的推广使用及其实用性。

- 通过宽带接入的免税来降低消费者的花费。总统呼吁国会通过法案,使宽带接入永久免税。

- 致力于新宽带技术的开发。政府正在积极行动来为无线宽带提供更多波段,并制定所需的技术标准,使得基于电线的宽带技术能得到广泛且又可靠的部署。
- 联邦政府必须积极消除导致宽带部署缓慢的相关障碍。宽带运营商经常不得不穿过或使用联邦土地来为消费者提供服务。为确保宽带运营商能够及时获得联邦政府的回应,布什总统已指示相关机构进行改革,简化路权批准程序,并使之标准化。

以上所概述的计划是对布什政府其他旨在促进美国的创新和技术发展计划的补充。布什总统在促进美国经济创新方面的努力有目共睹,包括:

- 帮助社区学院培训额外的 10 万名新工人。总统在国情咨文中宣布"总统 21 世纪岗位计划"(President's Jobs for the 21st Century Initiative),包括提供 2.5 亿美元的拨款以帮助美国社区学院为那些创造出大部分新工作的产业部门培训额外的 10 万名新工人。
- 接受联邦工作培训资助的工人人数翻番。布什总统提议,通过设立创新培训账户(Innovation Training Accounts,ITAs)的方式,给予州长更多的灵活性以使得联邦培训基金发放到工人手中。这些资金将给予工人接受各类培训的机会,帮助他们去竞聘高技能、高要求的职位。
- **增加联邦研究和开发资助**。根据布什总统 2005 财政年度预算的提议,相比于 2001 财政年度 910 亿美元拨款,联邦研究和开发投资总额在第一期内上浮 44%,增加至创纪录的 1 320 亿美元。2005 财政年度预算中,联邦研发支出占 GDP 的比重创下十年来的新高。
- **支持纳米技术研究**。2001 年以来,政府对纳米技术研发的资助已经翻了一番,达到 10 亿美元,而对信息技术研发的资助达到 20 亿美元。

- **确保全体美国人获得更好的医疗保健**。布什总统兑现了到 2003
  年使美国国家卫生研究院（National Institutes of Health，NIH）预
  算翻一番的承诺，从而大大增加了研究院对医学研究的资助，加速
  了对于困扰美国和全世界的疾病的诊治和治愈。总统 2005 财政
  年度预算为国家卫生研究院提供 286 亿美元的资助，比过去增加
  了 7.29 亿美元，从而使国家卫生研究院创纪录地资助了总数约达
  40 000 个研究项目。

二、氢燃料技术：一种更清洁、更安全的未来能源

> "我们的科学家和工程师在新一轮的国家承诺中，将克服障碍，将
> 氢燃料电池汽车从实验室带到展示厅，今天出生的儿童未来所开的第
> 一辆汽车将可能是一辆无污染的氢能汽车。"
>
> ——布什总统，2003 年 1 月 28 日《国情咨文》

长久以来，美国环境政策一直为两大派别无休止的争论所左右，一方
认为污染是进步所要付出的代价，而另一方则认为我们必须限制和减缓
发展进程。总统坚信，进步、创新和技术可以帮助美国跃过这些错误的选
择——以环保的方式来满足经济增长的能源需求。

2004 年 4 月 26 日，布什总统宣布能源部已经通过竞争程序挑选出
了合作伙伴，为新型氢能研究项目的开展提供 3.5 亿美元的资助（如加上
私营部门提供的研究费用则总额达 5.75 亿美元），旨在克服氢燃料技术
发展中面临的障碍。上述 3.5 亿美元的资助约占总统所承诺的将氢和燃
料电池技术从实验阶段转到展示厅阶段提供的 12 亿美元研究资助总额
的 1/3。这些项目将包括向学术界、产业界和国家实验室提供的 28 项奖
励。新型氢能项目致力于以下四大重点领域：

- **创建有效的氢能源储存体系**。当前的氢能源储存体系不能满足消费者所要求的各类车辆的使用需求。为了解决氢能源储存这一严峻的问题,我们应当探索性地研究和开发储存汽车常规行驶距离(超过 300 英里)所需的氢能源,这要考虑车辆的重量、体积、效率、安全、成本等方面的限制。能源部正在进行三项候选的储存材料(化学氢化物、金属氢化物和碳基材料)方面的研究,此外还有 15 项个人研究也在从事氢能源储存新材料的开发。参与这些项目的组织机构超过 45 个,其中包括能源部国家实验室、大学、研究机构和产业界组织。

- **推行氢能车辆和基础设施的"学习性示范"**。为了补充实验室的研究,汽车制造商和能源企业应当共同合作,为国家的氢基础设施开发一体化的技术解决方案。8 个汽车制造商和 6 个能源企业的相关团队(在 5 项资助下)将共同合作,在真实环境中示范一体化的和全部系统的解决方案。政府和产业界将为此提供配套资金。这些团队还包括公共事业部门、大学和中小企业,将为我们提供使用氢能的燃料电池汽车和氢补给基础设施在性能、成本和耐用性方面的重要数据。这些新数据将帮助我们随着研究进程的推进,重新调整研究的优先事项。这些数据至关重要,全部利益相关者(包括国会)可跟踪研究进展,并在 2015 年做出商业化的决策。

- **开发经济耐用的氢能燃料电池**。如今,燃料电池的价格比内燃机的价格高出 10 多倍。五家企业将参与新的成本分担计划,为消费型电子装备、辅助电源和越野应用开发燃料电池。

- **实施氢能教育运动**。新的努力目标将致力于培育下一代美国劳动力,鼓励学生参与科学和技术研究,克服进入氢经济的公共教育障碍和认同障碍,发展中等学校的课程和教师培训。这类计划将成为当前官方的各级公众教育和安全教育中的有益补充。

背景:布什总统的氢燃料计划

在 2003 年《国情咨文》中,布什总统承诺在五年中投入 12 亿美元,用于加速氢燃料电池和基础设施技术的研究和发展,其中 7.2 亿美元为新增投资。氢燃料计划旨在通过发展商业上可行的,可用于汽车、卡车、家庭和商业的无污染或温室气体的氢动力燃料电池技术,帮助扭转美国日趋严重的对外国石油依赖的局面。

通过与私营部门的合作,到 2020 年,氢燃料计划将付诸实践且具成本效益,使大部分美国人能选择使用清洁的氢燃料电池汽车。因此,今天出生的儿童未来所开的第一辆汽车将可能是一辆由氢燃料电池提供动力的汽车。这将通过大规模降低进口石油的需求来大大提升美国的能源安全,并有助于清洁我们的空气,减少温室效应气体的排放。布什总统的提议在国会中受到了来自两个党派的广泛支持。

氢燃料计划配合总统现行的"自由车合作计划"(FreedomCAR Partnership)①。该合作计划开发安全、经济的氢燃料电池汽车的大规模生产所需的技术,同时也涉足其他一些先进汽车技术。总之,布什总统已提议在 5 年内总共为氢燃料计划和自由车计划提供 17 亿美元的资助。

预算

布什总统 2005 财政年度预算提议为氢燃料计划提供 2.28 亿美元的资助,与 2004 财政年度预算相比,资助总额上升了 43%。

- 2005 财政年度预算要求为能源部科学办公室的基础科学提供 2 900 万美元的资助,并为安全、代码和标准活动提供 1 800 万美元的资助,从而与该项目的需要和最近由国家研究委员会(National Research Council)发布的同行评论报告相一致。
- 2005 财政年度预算也更加强调有关氢能源生产、储存、燃料电池技术以及后续技术鉴定等方面的探索性研究。
- 在生产氢能源时,混合多样化的能源供应是需要的,从而逐渐转向

① FreedomCAR 中 CAR 是 cooperative automotive research 的缩写。

安全、经济和环保的氢能源体系。这些能源包括可再生能源、核能、天然气以及(实施炭管理策略的)煤。

燃料电池技术

燃料电池是一项已证实的可用技术:从 20 世纪 60 年代开始,美国宇航员就已使用燃料电池发电,但是在促使这项技术能够经济有效地应用于汽车、家庭和商业方面还有许多工作要做。我们需要进行进一步的研究和开发,以促使这类技术的迅速商业化,为交通业和其他事业提供清洁的、国内自行生产的环保能源。

总统的计划意在帮助私营部门克服燃料电池的关键技术和成本方面的障碍:

- **降低氢能源的成本**。如果以最为经济的生产途径——天然气为原料的话,氢的成本价将是汽油的四倍。氢燃料计划致力于降低氢的成本,到 2015 年为止使得燃料电池汽车在成本上同传统的以汽油驱动的汽车具有一争高低的能力,并推进从可再生能源、核能甚至碳基原料中生产氢的方法。
- **创建有效的氢能源储存体系**。当前的氢能源储存体系不能满足消费者所要求的各类车辆的使用需求。我们需要新的技术。
- **创造可负担的氢能燃料电池**。如今,基于燃料电池的推进引擎的价格是内燃机的 10 倍。"自由车合作计划"正致力于将燃料电池的成本降至可负担的水平。

美国越来越依赖于外国石油:

- 美国进口的石油量占美国石油消耗总量的 55%,预计到 2025 年,该比例将上升至 70%。
- 美国几乎所有的汽车和卡车都以汽油作为驱动燃料,而这正是美国进口大量石油的主要原因。在美国每天消耗的 2 000 万桶石油中,有 2/3 被用于交通业。燃料电池交通工具将为我们大幅度减少对外国石油的依赖提供最佳途径。

氢燃料将有助于减轻美国对能源进口的依赖:

- 通过氢燃料和"自由车合作计划",联邦政府、汽车制造商和能源企业将携手共同克服技术和资金上的难关,成功开发出商业上可行的、无污染且不依附于外国石油的燃料电池交通工具。
- 氢可以从天然气、碳、有机物甚至是水等美国国内现有资源中大量提取。
- 能源部预计到 2040 年,氢燃料和"自由车合作计划"可以帮助美国每天减少 1100 万桶的石油需求,该数据大约相当于如今美国每天的石油进口量。

燃料电池将改善空气质量,大幅减少温室气体的排放:

- 在美国,车辆废气是空气污染的主要原因之一。氢能燃料电池产生电力来驱动汽车而不产生任何尾气污染。
- 到 2040 年,氢燃料和"自由车合作计划"有可能仅通过交通这一项,每年减少温室气体排放量超过 5000 万公吨的标煤当量。在诸如民用和商用发电方面的设备中使用燃料电池,将进一步减少温室气体的排放。

氢是迈向一个更清洁的能源未来的关键:

- 在目前已知的燃料中,单位质量的氢所含的能量最高。
- 氢在引擎中燃烧时有效达到了零排放,在为燃料电池供能的过程中它的废弃物仅为水。
- 氢可以从天然气、煤、有机物甚至是水这类丰富的国内现有资源中产生。

● 燃料电池联合其他如碳收集与存储技术、可再生能源以及热核聚变能等技术,使无排放能源在未来成为可能。

三、改革医疗保健制度:
总统的医疗保健信息技术计划

我们可以通过电子病历避免危险的医疗过失,降低成本,提升医疗保健的质量。

——布什总统,2004 年 1 月 20 日《国情咨文》

布什总统已制定计划,确保在未来十年内使绝大多数美国人都拥有电子病历。总统相信,更好的医疗保健信息技术在他的医疗保健体系愿景中是必不可缺的,该体系将以病人的需要和价值为中心,给予病人与医疗保健专业人员协商进行医疗和经济决策所需的信息。

总统的医疗保健信息技术将致力于解决国家医疗保健体系中长期存在的、可预防的过失,以及质量不均等、费用上涨等方面的问题。

问题:美国医疗保健体系所面临的挑战:

美国医疗保健体系有着悠久而卓著的创新历史。随着基础研究成果转化为对新型疾病的认识、更好的诊断工具和创新性治疗方法的出现,各项发现从实验室走向了临床应用。

与此同时,我们的医疗保健体系也面临着严峻的挑战。医疗保健费用和医疗保险费的增长速度远远快于通货膨胀率。尽管国家在医疗保健中的支出高达 1.6 万亿美元,但是在医生、医院以及许多参与护理的医疗保健提供者之间仍然存在着严重的问题,如可预防的过失、医疗保健质量的不均等、沟通缺乏等。

根据国家医药局的估测,每年死于医疗过失的美国人总数在 44 000 人到 98 000 人之间。更多的人由于在门诊中的不当诊治、误诊或是未能接受治疗而死亡或终生残疾。研究表明,每年大约有 3000 亿美元的医疗保健支出未能给病人带来积极的疗效,而是消耗于不必要、不恰当、低效或无效的治疗。

所有这些问题——高成本、价值的不确定、医疗过失、质量的不稳定、低效管理以及协作的不充分——都与我们未能利用医疗保健信息技术并将其作为医学治疗的一部分密切相关。创新已使我们的医学治疗水平达到全球领先,但创新未被应用到我们医疗保健信息系统中去。美国的其他行业利用先进的信息技术,正使美国消费者受益。我们的航空比以往更加安全,如今消费者们可以便捷而安全地获得他们的金融信息。然而与这些行业不同的是,医疗保健业仍然主要依靠纸质记录,我们的医生和护士不得不用 19 世纪的工具经营着 21 世纪的医疗技术和复杂的医疗信息。美国医疗专业人员在世界上首屈一指,并成为全球典范,能在如此陈旧的体系中达到高质量的医疗水平,是对他们实力的有力证明,但基于纸质记录的体系已经过时:

- 病人重要的医疗信息散落在医疗记录中,由许多不同地区的不同医疗人员保管。医生在进行治疗时,往往无法获得病人的全部医疗信息。例如,对于经常急诊的病人,医生无法获得他们重要的医疗信息,如过敏情况、当前的治疗和所使用的药物、先前的诊断,等等。
- 医生需记忆有关药物、药物交互作用、治疗处方集、临床治疗方针以及新近研究的相关信息,而庞大的信息量使这类记忆成为一项艰难的任务。
- 由于医嘱和处方采用手写的方式,所以常常会使患者产生理解上的错误,无法准确遵循医生的指示。
- 消费者在治疗的选择上,如哪家医院哪位医生最能满足他们的需要、自身的健康状况如何等方面缺乏实用而可靠的医疗信息。

- 医生常常缺乏为病人选择治疗方案的最佳信息，在新的科学进步应用于病人治疗之前呈现一段不能接受的延期。他们也无法获得病人的完整信息，不知道其他医生是如何治疗同类病人的，也不知道国内其他医疗服务提供者在同等情况下如何治疗病人。这些情况增加了可预防的医疗过失发生的可能性。

解决方案：医疗保健信息技术

如今，总统制定了一个宏伟的目标，即未来十年内确保使绝大多数美国人都拥有电子病历。

- 在未来十年之内，不管电子病历来源于何处，它将确保能够为绝大多数美国人随时随地就诊提供完备的医疗保健信息，使病人自愿选择是否加入该计划。
- 电子病历将在病人授权的情况下，在保证私密性和安全性的基础上，在医疗保健机构之间实现信息共享。

布什总统坚信电子病历方面的创新以及医疗信息的安全交换将有助于美国医疗保健事业的改革——提升医疗保健的质量、预防医疗过失、降低医疗保健成本、提高管理效率、减少文书工作，以及使更多民众有能力支付医疗保健费用。

在全国范围内所需做的工作在一些地方已率先开始了试点工作。医疗保健信息技术——电子病历、处方以及其他医疗检测的计算机处理、临床决策辅助工具、经授权的信息安全交换——可以提升医疗保健的质量，减少医疗过失，挽救生命。在过去的三年中，一些社区、医院、医生、病人团体和信息技术公司已经开始改革他们的医疗保健信息系统。他们敢为人先，告诉我们医疗保健体系必须进行现代化的改革。

总统构想的医疗保健体系令人耳目一新：

- 新病人来到医生诊室时,无需输入他们的个人资料、过敏情况、药物治疗或医疗史等信息,因为这一切都是现成的。

- 以前,病人需要携带病历和一大叠X光照片去新医生处就诊,如今他们可以将最重要的医疗记录保存于存储器内,或是授权新医生从先前的医疗保健提供者处获得相关的电子信息。

- 前往急诊室就诊的患有慢性疾病、记忆力衰退的再诊患者可以授权他(她)的医生从另一所医院最近的医疗诊治中获得相关医疗信息,由此可以避免新的治疗与患者已有治疗之间产生的潜在的、致命性的药物相互作用。

- 如果出现三个前往不同急诊室就诊的患有不寻常突发性高烧和咳嗽的患者的情况,将会被集体呈报,公共健康官员将会获得病人的即时信息,以便他们向权威部门报告可能的流行性疾病暴发或生物恐怖主义袭击。

总统的医疗保健信息技术计划

为实现该十年目标,总统采取了以下措施,督促政府部门和民间团体共同协作,加速医疗保健信息技术的广泛采用。

- 制定医疗保健信息标准。总统呼吁制定并采用一项标准,以期在确保私密性和安全性的基础上,实现医疗保健信息的电子储存和共享。这一必要的工作已经得到良好的开展,并已完成了大部分工作。在过去的几年中,卫生与社会福利部(Department of Health and Human Services,DHHS)①已经同私营部门和其他联邦机构展开合作,核定并签署了医疗保健信息在医疗保健机构之间安全共享所必需的民间自发性标准。联邦机构将加快他们采用这一标准的步伐。作为这一努力的一部分,卫生与社会福利部最

---

① Department of Health and Human Services 在国内有多种译名,如卫生部、公共健康与社会福利部、卫生与社会福利部等,本书译为"卫生与社会福利部",特此说明。——编者注

近协商并确认了一份全面的医疗词汇表,免费发放给每一位民众。这些项目包括医疗保健信息标准用于:(1)在网上传送 X 光照片。如今,病人胸部的 X 光照片可以通过网络的方式从医院或实验室传送到病人就诊的医生手中。(2)实验室研究结果的电子化。实验室研究结果可通过电子化的方式传输给医生用于及时分析、诊断和治疗。如果病人拥有电子病历的话,实验室研究成果还可以自动进入到病人的电子病历中。例如,医生可以在办公室中直接为就诊病人重新找回相关信息,并据此作出准确的反应,减少错误和重复性的测试。(3)电子处方。由于处方通过电子传送的方式直接递交给药剂师,病人将因此节省不少时间。标准化电子处方的使用舍弃了难以辨认的手写处方,并且相关技术会自动检查可能的过敏和有害的药物相互作用,因而有助于避免严重的医疗过失。同时这一技术还可以生成医疗保险公司的自动许可证。

- 对医疗保健信息技术示范项目的资助总额翻番,增加至 1 亿美元。基于过去数年在医疗保健信息技术标准领域中取得的进步,布什总统在 2005 年财政年度预算中提议为示范项目提供 1 亿美元资助,帮助我们测试医疗保健信息技术的有效性,并为在医疗保健产业中更为广泛地采用该技术探寻最为有效的实践策略。(1)在总统 2004 财政年度预算的基础上增加的 5 000 万美元,将为更多的地方和地区项目提供资金支持。这些试点社区、医生和医院能够呈现医疗保健信息技术的实施能革新整个医疗保健系统。(2)2004 年 4 月,超过 600 多个项目向此资助提出了申请。卫生与社会福利部将通过同行评论程序挑选出受资助者,于 2004 年夏天给予资助。

- 联邦政府促进医疗保健信息技术的使用。联邦政府是医疗保健业中最大的买家之一,包括医疗保险制度、公共医疗补助制度、社区医疗保健中心项目、联邦医疗保健受益项目、退伍军人医疗保健项目、国防部的相关项目等。联邦政府可以激发医疗保健机构采用电子病历的动机,并提供相应的机会,如同当今私营部门的做法一样。总统要求这些部门在 90 天之内审查原有的政策和计划,提出改革和采取新行动的建议,并将建议提交给总统。

- 设置一个新的、副内阁级别的国家医疗保健信息技术协调人。总统宣布,他将在卫生与社会福利部中设置一个新的、副内阁级别的职位,负责领导和协调实现他所制定的十年目标所需的工作。该负责人直接受命于卫生与社会福利部部长,并由总统任命,承担以下工作:(1)指导现行的医疗保健信息标准工作,制定并实施一系列步骤,以支持、鼓励公立和私营医疗保健不同体系中医疗保健信息技术的使用。(2)协调政府部门和私营部门利益相关者之间的合作,加速医疗保健信息技术的应用。

四、利用宽带技术促进创新和经济安全

为了广泛应用宽带技术,美国需制定一个国家目标。到 2007 年,宽带技术应被广泛使用,普通人也用得起。而且我们要尽快地确定下来,以确保宽带使用者在选择宽带服务提供者时有足够多的选择。

——布什总统,2004 年 3 月 26 日

宽带技术为美国人提供了高速的网络接入,这将增强国家经济生产力,并提供改善生活的相关应用服务,如远程教育学习、远程医疗诊断等,以及更为有效的家庭办公能力。

政府也持同一愿景,它们有一连串详尽而又确定的有效使用宽带的计划,旨在为宽带的繁荣发展创造良好的经济和制度环境。全球最具竞争力的宽带市场的创建,将为美国消费者提供全球最为经济和优质的宽带服务。

宽带技术能够增强美国的经济竞争力,并改善全体美国人的教育和医疗状况。布什政府已经实施了一系列措施使得经济具有良好推动力,

消除制度障碍,推动新技术发展。所有这些对于实现宽带技术的接入和承担宽带的费用来说都是必需的。

创造经济动力

为了刺激投资,总统将工作和一揽子增长措施写入法律,允许公司能快速降低成本开支,包括宽带使用的资金配套。如果能够削减开支并尽快提高宽带技术,公司会更愿意将资金投入到宽带技术上来。

布什总统承诺让每个人都能用得起宽带。总统已经签署法律,因特网接入税(Internet Access Tax)有两年的延期付款,而且呼吁国会为此颁布法律,明确把这一延期付款政策扩展到宽带政策当中,并把这项政策永久化,因为因特网接入税会提高客户使用宽带的成本。

消除制度障碍

政府赞同联邦通信委员会(Federal Communications Commission, FCC)的决定,把新的"光纤到户"的投资从传统的限制政策中解脱出来。解除对建设家用高速宽带基础设施的管制,为资金的投入扫除一个重大障碍。

2004 年 4 月 26 日,总统签署了一份行政备忘录,应用联邦路权(rights-of-way)改革来规范办事流程,让宽带运营商能够使用联邦土地建设高速宽带基础设施。这项改革通过简化和规范相关机构间有关路权的审批,大大减少了企业的负担,也让这些机构能够广泛利用自己的资源。

促进革新

政府在平衡国家重要部门(包括国防部、交通部、国土安全部)商用波段的需要和商业利益方面已实现了空前的跨越。政府已经确定,作为下一代无线服务所使用的 90 MHz 波段将实行公开拍卖。

- 当前只有一个无线载体在提供无线宽带服务。如果 90 MHz 的波段拍卖出去,多种无线载体就有了变成宽带载体的机会。这能激发企业间更多的、给消费者带来低廉的使用价格和良好的服务质量。

- 最近,政府对用于创新无线宽带应用的波段供应量已经翻番,如基于 Wi-Fi 技术(基于 IEEE 802.11)和 Wi-MAX(基于 IEEE802.16)技术。这些技术能够提供一系列的新服务,包括在宾馆、机场和其他公共场所的宽带接入,并设法使农村地区的宽带服务低廉而又可行。

- 为了保证这项技术持续发展,商务部下属的国家标准和技术研究所正在主持研制 Wi-Max 标准。

- 在已有成就的基础上,总统已经发起一项计划,设立 21 世纪波段政策。商务部已经提上日程,计划在今年夏天给总统提交一份有关如何提高波段管理的报告。

政府致力于让宽带技术尽快浮出水面。为保证广泛而可靠地研发基于电线的宽带(BPL),商务部正在制定所需的技术标准。通过对 BPL 系统上百亿次的实验,商务部将为共同使用电线宽带和其他重要波段提供清晰的技术路线。一旦配置开展,电线宽带很有可能使每个电源插座都能变成宽带接入口。

总统支持研究和开发工作,并计划提供联邦研发历史上最大的一笔资金,在 2005 年度财政预算中达到 1 320 亿美元。联邦的研究和开发为宽带技术的推进奠定了基础。2005 年度预算中,美国信息技术研究和开发项目(National Information Technology Research and Development, NITRD)中与宽带技术直接相关的预算达到 20 亿美元。总统已经提议把研究和实验税贷款改为长期性贷款。这将促进个人把资金投入到诸如宽带之类的新技术上来。

关于宽带的重要事实:

- 宽带是高速网络的接入方式。

- 宽带在美国总是处于"开机"状态,允许电脑一天 24 小时连接到因特网上。
- 远程学习、远程医疗处理、交互式网络会议、实时视频与音频都要求网络速度高于传统的拨号服务所提供的速度。
- 宽带用户在 2000 年 9 月仅 700 万,到 2003 年 6 月急增至 2400 万,增长率达 230%。
- 相比诸如彩电、无绳电话、录像机、个人电脑等技术,消费者对于宽带技术采用得更快。
- 全美大约 90% 的邮政区都有至少一种有线宽带接入(电话调制解调器或者 DSL),而在 2000 年末,拥有率只有 70%。
- 在全美大约 75% 的邮政区既能用电话调制解调器又能用 DSL 接入宽带。

五、更好的教育为了更好的工作

美国日益增长的经济是个不断变化的经济主体,我们必须对经济的变化作出回应,以帮助更多的美国人掌握在 21 世纪找到好工作所需的技能。

布什总统已经宣布了一个计划,以帮助学生为未来高等教育和进入劳动力市场做更好的准备——包括 3300 万美元,用于资助在高中已经通过严格课程的低收入家庭学生的佩尔助学金(Pell Grants),以及用于资助在大学攻读数学和科学学位的低收入家庭学生的奖学金。

总统的计划将提升美国高中的教育质量——包括用 1 亿美元资助"勤奋读者"(Striving Readers)项目和 1.2 亿美元用于改善数学教育。总统还计划强化现代化职业技术教育,面向全体学生扩大数学和科学教育,鼓励学生学习严格的中学课程,当学生毕业时让教育者能够自主决定学生是否掌握了成功所必备的技能。

不让一个儿童落后

为使美国的年轻人接受优质教育,学习他们将来成功所需的技能,布什总统提出并签署了《不让一个儿童落后法》。所有技能都始于阅读和数学的基本技能,这些技能都要从低年级开始习得,长久以来,教育缺失对孩子这两方面能力的培养。随着《不让一个儿童落后法》的出台,我们在使每个孩子达到教育优异方面取得了进步。

- 要求各州制定每个孩子应当学习之内容的清晰标准,并一步一步地帮助孩子来学习。
- 通过规范基础学科如阅读和数学的测验,使学校为学生的进步负责。
- 向学生家长汇报成果,当教学成绩不明显的时候让他们有更好的选择。
- 提供更多的资金——从 2001 年开始,联邦政府对初等和中等教育的投资增长了 49%。

帮助美国年轻人掌握在 21 世纪成功所需技能的后续步骤

《不让一个儿童落后法》为提高美国中小学学生的成绩明确了职责并提供了资源。这些改革开始在小学阅读和数学成绩上有所体现,但是布什总统还希望使所有高中学生能为接受高等教育或进入劳动力市场做好准备。不过,全国教育进步评估(NAEP)的最新结果显示,美国四年级和八年级学生的成绩在提高,十二年级学生的阅读和数学成绩却呈下降趋势。

- 只有 24 个州要求学生至少学习 3 年数学,只有 21 个州要求学生至少学习 3 年科学。
- 缺乏数学和科学教育的美国年轻人注定要失去工作机会,缺少中学后教育学习的必要技能,或将无法按时完成中学后教育阶段的学习。

- 在阅读方面落后的学生很可能从高中辍学。就整个美国来讲,在
  100 名九年级学生中,只有 67 名学生能够按时从高中毕业,只有
  38 名学生能够直接升入大学;这其中又只有 26 名学生能够继续
  大二学业,只有 18 名学生能够修业完满从大学毕业。
- 在第三届国际数学和科学学习测评(TIMSS)中,美国十二年级学
  生的成绩在参与评估的 21 个国家中是最低的。

总统的解决方案

高中

"勤奋读者"。政府推行一个新的 1 亿美元的努力阅读计划,通过竞争性资助来开发、实施和评估一项阅读干预计划,以帮助那些明显低于年级平均阅读水平的中学生。这一计划是美国"阅读第一"国家资助项目的补充。"阅读第一"项目立足于科学的阅读研究基础之上,为从幼儿园至三年级的学生提供详尽的阅读指导。这一计划将为 50 个到 100 个学区学生的干预阅读项目提供资助,以帮助中学生在阅读上赶上他们的同龄人。

数学。根据《不让一个儿童落后法》的授权,政府提议在数学和科学合作项目上增加 1.2 亿美元的投入。这些增加的投入能够使合作者直接获取国家竞争性资助,以提高中学生的数学成绩。新的三年竞争性资助将用来资助那些具有提高所有学生数学成绩重大潜力的项目。这一计划的着眼点在于,保证国家和学区中勤于钻研的数学教师能充分应用专业发展项目,并帮助数学教师提高自身技能。

进阶先修课程(Advanced Placement,简称 AP 课程)。进阶先修项目不仅能鼓励进阶先修和国际学士学位(IB)课程的发展,还是提升全体学生的全部中学课程质量的有效机制。政府提出对进阶先修项目的投资增加 2 800 万美元,并经《不让一个儿童落后法》授权,使得每年的开支达到 5 200 万美元。经费的增加将确保让低收入学校的教师在 AP 和 IB 课程中获得优良的培训。

助理教师团(Adjunct Teacher Corps)。许多学区的中学都需要获得

适当的机会和合格的教师来加强中学核心学科的教学,特别是在数学和科学方面。助理教师团将通过把专业人员与主题相关的知识和经验带到课堂上来缓解这一需求压力。政府还提出一个4000万美元的新计划,向学区、公共部门或私营机构的合作者提供竞争性资助,从而为专业人员在中学的核心课程领域,特别是科学和数学学科的任教创造机会。

国家奖学金。政府提议为国家奖学金项目(State Scholars program)提供1200万美元基金,从而在全国范围内提供资助。2002年8月,布什总统宣布国家奖学金计划,它借鉴了得克萨斯州奖学金项目的成功经验,鼓励中学学生学习更加严格的中学课程。在国家奖学金计划的推动下,有12个州已经得到资助来开发和改进学习课程,并给予参与这些项目的学生以特别鼓励。

加强对职业教育的支持并使其现代化。联邦的主要职业教育项目——"帕金斯职业教育"项目(Perkins Vocational Education program)自1917年成立以来从未发生过根本性的变革,布什总统决定要改革这一第一次世界大战前就已实施的项目,从而使它能够更好地为21世纪的工人服务。总统计划从帕金斯职业教育项目中每年拨款10亿美元给中学和技术教育项目(Secondary and Technical Education program),要求参与这些项目的学校提供4年英语课程,3年数学和科学课程,3年半社会学科作为职业教育课程的组成部分。

评价高中是否培养合格的毕业生。为了保证高中毕业生具有在高中以后的教育或未来职业中所需的技能,总统的计划将包括十二年级的全国教育进步评估。目前要求各州四年级和八年级的学生,每两年要参与全国教育进步评价项目阅读和数学方面的评估。若把这一要求延伸到十二年级,教育者就能评价高中教育是否符合学生的需要,并使他们具有将来获得成功所需的技能。这一措施也可以帮助教育者发现不能满足学生需要的地方,从而改善其薄弱环节。

高等教育

加强佩尔助学金。布什政府承诺设立一个3300万美元的项目来加强佩尔助学金,来奖励那些通过学习过严格的高中课程参与国家奖学金项目的低收入家庭的学生。这一项目每年将给那些学习过严格的中学课程并考入全日制大学,并且是佩尔助学金受助者的大学一二年级学生每年提供高达1000美元的补助金。根据这一承诺,大约有36000名低收入家庭的中学毕业生将在明年有资格拿到有所提高的佩尔助学金。

总统数学和科学奖学金基金。为了继续保持美国在世界创新经济中的领先地位,保证美国毕业生接受到在21世纪获得良好工作岗位所需的训练,布什总统打算在大学和学院中增加数学和科学教育的机会。总统打算设立一个新的公私合作项目,提供1亿美元助学金来帮助那些学习数学和科学的低收入家庭的学生。根据这一项目,大约2000名学习数学和科学的学生每人将得到高达5000美元的资助。虽然这个项目和佩尔项目是独立运行的,但是学生必须拥有佩尔助学金才能得到这另外的5000美元。这项计划的开支将被佩尔助学金项目的一项重要改革抵消掉。目前学生享有佩尔助学金没有时间上的限制,个人可以得到佩尔助学金直至本科毕业。如今政府采取了给四年学制的学生八年期限,给两年学制的学生四年期限的做法,鼓励学生尽快完成学业,消除助学金的滥用现象。以避免过去有些学生为了享有这项助学金无限制地延长自己的学习时间的现象继续出现。

六、更好地为美国工人开展联邦岗位培训

布什总统承诺给美国工人提供能找到更好工作的岗位培训。现在,岗位培训对美国工人来讲比以往任何时候都重要,在美国我们需要一个开展岗位培训的新方法。

美国日益增长的经济是个不断变化的经济主体,有些工人需要新的技能来获取成功。当今经济是创新型经济,在20世纪90年代,美国2/3的经济增长依赖于新技术的引入,而在21世纪,60%需要一定技能的新岗位仅被1/3的美国工人所掌握。美国需要缩小技能鸿沟,但我们还没有足够多的人员受到足够好的培训以匹配新产生的岗位。联邦政府通过《劳动力投资法案》给州和地方政府部门投入40亿美元的培训资金,但是

去年只有 20.6 万名成人接受了培训。

为使接受岗位培训的工人人数翻番,保证这些项目的良好运行,缩小技能鸿沟,并为每个高速发展的新岗位配备合格的工人,布什总统已提议对联邦岗位培训项目进行改革,对日常开支进行严格限制,以保证资金用在真正需要的工人身上。他还呼吁要为工人提供个人岗位培训账户——创新培训账户(Innovation Training Accounts, ITAs)。

总统岗位培训计划的背景因素

问题分析:目前联邦政府的岗位培训工作涉及十几个部门和机构的30 多个项目,共花费大约 230 亿美元,但结果却成了复杂的大杂烩,有些项目数十年来都没有发生根本性变革,常规管理花销过多使得太多的钱没有用在最需要培训的工人手上。

- 官僚主义。目前岗位培训项目既陈旧又重叠,而且效果不佳。很多时候,繁文缛节和行政开支使得钱用在工人身上前就被耗光了。例如,劳工部发现,它们的一个一站式职业中心用于失业工人的培训费用还不到联邦政府投资的 10%。很多钱都让日常行政管理消耗掉了,而不是花在工人培训上。布什总统认为,用于官僚体制上的每一美元都相当于从需要培训的工人口袋里拿钱。

- 复杂性。岗位培训项目设立了如此多的规章制度,以至于很多工人、未来的工人和当地社区学院不能参与其中。例如,有 30 个州得到许可,可以暂时不受这些规章制度的约束,从而可以使它们能够和当地社区学院保持联系。然而,在现有法律的约束下,所做的事情是受限制的。布什总统认为,最好的培训不是单单填填表格,而是在岗位上学习或者在社区学院里学习。

- 有限职责。目前还没有明确的标准或基准来衡量联邦政府岗位培训项目的有效性。联邦政府给各州岗位培训的资助包含了 17 种职责评量。布什总统提议重新关注这些项目,关注美国工人有关的最终培训结果——你有工作了么?你在这个岗位能工作多久?

你的收入是多少？

- 未能培训所需的技能。虽然法律有所要求，但事实上很多岗位培训项目并没有评估哪个岗位到底需要具备什么样的技能，工人只是走了这样一个系统流程而已——当培训完成时，他们甚至都不知道这些培训能否为他们谋得一份工作。总统认为，我们应该为最有发展前景的经济部门培训工人。

总统的解决方案

- 减少繁文缛节并对工人提供更多帮助。在总统计划中设立了明确的目标，就是要把大多数岗位培训项目的资金用于那些真正需要帮助的工人而不是官僚化的日常管理上。当前行政开支的上限为15％，但是行政上的漏洞让很多培训资金流向了官僚机构和其他非培训项目。总统的目标是：通过使工人的可用资金最大化，并减少不必要的管理支出，来使接受岗位培训的工人数量翻番。

- 新的创新培训账户。总统提议设立新的创新培训项目，从而为工人提供更加灵活和更具针对性的协助。工人将获得更多的岗位培训机会——他们可以通过上社区学院、私营培训机构、当地商行或者社区组织——以最为有效的方式获取所需的帮助。这些新的创新培训账户可以使每个州有充足的弹性来创建符合自身经济状况的培训内容，并将总额达40亿美元的四大培训和就业拨款计划融合为一种单一的拨款计划，从而减少不必要的官僚支出费用并使政府的援助更加富有成效。

- 更多职责。按照总统的计划，各州在设计劳动力培训项目时将拥有更大的弹性，但同时要求他们在下列方面设立明确的目标和结果：包括安置岗位的工人数，工人能在所安置的岗位待多久，工作收入等。总统建议把各州关于岗位培训的17个绩效目标融合为这样三个，即有多少人在找工作？工人在新的工作岗位上能赚多少钱？他们在一个岗位上能待多久？

- 为21世纪的岗位计划（Jobs for the 21st Century Initiative）。总统

在《国情咨文》中所宣布的"为 21 世纪的岗位计划"提议投放 2.5 亿美元的拨款以帮助美国社区学院为那些创造出大部分新工作的产业部门培训额外的 10 万名新工人。这是布什总统 2001 年颁发的劳工部"高增长岗位培训计划"的扩充。该计划为全美包括社区学院、公立劳动力机构和雇主在内的 38 家合伙企业提供了 7 100 万美元。它使社区学院培训的劳动力能够掌握当地雇主所急需的技能。

- 个人再就业基金(Personal Reemployment Account)。总统同时计划开展一项 5 000 万美元的实验性项目,为那些最难就业的失业工人提供最高可达 3 000 美元的资助,用于工作培训、交通、育儿及寻找新工作的其他援助。能够快速找到工作的工人,就能保持再就业基金的资金平衡。

第二章[①]
维护国家的创新生态系统
——信息技术制造和竞争力报告

一、概　要

本报告涵盖了总统科学与技术顾问委员会(PCAST)就国家创新系统的维持问题向总统提出的建议。委员会的这一报告旨在帮助美国维持未来在全球高技术中的领导地位,以及与此相联系的经济繁荣和较高的生活水平。

60多年前,万尼瓦尔·布什(Vannever Bush)[②]致杜鲁门总统的信不仅帮助美国成立了国家科学基金会(National Science Foundation, NSF),而且为美国现代的研究和开发奠定了基础。布什高瞻远瞩的见解至今仍有着借鉴作用:

---

① The President's Council of Advisors on Science and Technology (2004), *Sustaining the Nation's Innovation Ecoryetem*: *Roport on Information Technology Manufacturing and Competitiveness*, http://www.dadmantech/pubs/FIANL_PCAST_IT_Manuf_Report.pdf

② 万尼瓦尔·布什(Vannevar Bush),被称之为电脑之父,他预测了互联网和许多今天科学技术的发展方向。在他的所有论著中,尤以 *As We May Think* 和 *Science*: *the Endless Frontier* 两文最为世人熟知。这位罗斯福总统的科学顾问针对二战后美国的情况,提出要把科研和教育相结合,把原本属于国防的实验室划归学校,将非机密技术如青霉素技术等基础科研下放到学校,大力增加科研经费,将市场经济规则用于科研和国防,把科学更直接地转化为生产力等一系列观点。——编者注。

> "这个国家依旧充满着开拓进取的精神。科学为有能力完成使命的开拓者们提供了一大片等待开发的领域。无论是国家还是个人，都能从这一开发中获益。对于国家的安全、民众的健康、就业岗位的增加、生活水平的提高以及文化的繁荣而言，科学进步是一个关键性因素。(1945 年 7 月 5 日)"

虽然美国依然保持着强盛的追求科学和积极开拓的精神，但是我们遇到了来自新经济时代和强大的外国竞争对手的新挑战。总统科技顾问委员会对这类挑战进行了全面的分析，旨在获得更深入的理解，并就这类挑战对我国在创新中的领导地位和持续的经济繁荣所带来的潜在威胁进行评估。我们发现，虽然美国的创新力量依旧强大，但已经受到了一些压力。同时我们也不安地发现，科技界(S&T community)对于国家未来在高技术中能否持续地维持领导地位产生了巨大的怀疑。有鉴于此，总统科技顾问委员会向总统递交了这一报告，这有助于巩固高技术创新这一不容小觑的国家优势，同时像万尼瓦尔·布什所做的那样，使乐观、自信和强烈的使命感在美国重获新生。

在国家科学基金会领导下所进行的这项研究中，总统科技顾问委员会采纳了一些建议并明确了当前的发展状态，并将万尼瓦尔·布什的观点应用于今天这一竞争激烈的全球环境中：

文明处在一个新的工业世界秩序的边缘。在日益激烈的全球竞争中，那些用更快速度制造出更廉价商品的人并不能成为大赢家。只有那些通过人材、技术和工具的发展，使得无人可以与之匹敌的人才能真正笑到最后。这意味着必须在纳米技术、生物技术、信息科学与工程学方面取得绝对的领先地位，同时也意味着必须增加并确保给我们国家带来如今的领先地位和优越生活水平的那些投资。

总统科技顾问委员会在本报告中指出，国家的技术和创新领导地位取决于有活力的、动态的"创新生态系统",而非机械的终端对终端的过程。我们认为,基本的研发以及制造业是创新生态系统的首要支柱,但与此同时,其他组成部分也支撑了整个体系的健康发展。因此,尽管我们在这些关键要素方面应该而且能够得到加强,但如果像在真空中运作般将各个要素相分离,那只会是一种错误。

有鉴于此,在当前的全球环境中,一个高度成功的创新型和技术型领导国家应该具备以下七大特征:

1. 强大的基础研究和开发投资
2. 大批能干的科学家和工程师
3. 技能娴熟而又灵活的劳动力
4. 可靠的设备及其他基础设施
5. 不限制高技术的制造商将工厂设在国内的联邦和州的法律法规
6. 具有竞争力的投资者和税收环境
7. 有效执行贸易协定和知识产权的竞争平台

本报告指出,其他国家正在这些领域赶超我们,他们正不断复制我们的基础创新平台,而非简单地基于外包基地来生产商业化的产品,这些趋势意味着美国已经开始面临着新层次的全球竞争。因此,本报告旨在提供相关信息来增强美国自身的"创新生态系统",以便维持我们的技术领导地位,维持我们的经济繁荣,并不断提升美国人民的生活水准。

建议

综合上述发展趋势和各项考虑,本报告提出了两项基本的行动建议:最大程度地发挥我们的优势;评估外国的竞争力,并为未来制定适当的应对政策。

1. 最大程度地发挥我们的优势

美国具有巨大的经济优势和创新优势,包括世界领先的市场。同时,从整体而非逐项进行考查的话,在上述高技术产业中美国也居于领导地位。为了维持这些优势并对有需要的领域进行改进和提升,总统科技顾问委员会建议:

- 应该继续加强国家的研发基础。这一建议包括联邦对具有发展前景的领域(如纳米技术、信息技术和制造业的研发)的资助,并成立一个工作小组来研究联邦和州之间的研发合作。
- 应该改进我们的科学和技术教育及相关劳动力的技能培训。
- 应该提升我们的企业氛围。
- 应该更新我们的基础设施。

2. 评估外国的竞争力,并为未来制定适当的应对政策

外国政府实施的政策不仅要建立他们自己的创新生态系统,而且还吸引美国公司和个人将工厂和技术人员转移出美国。这类政策以税收优惠为核心,对公司和个人的决策产生切实的影响。有鉴于此,总统科技顾问委员会建议:

- 应该使美国研发的课税免除政策永久化。
- 总统应成立一个工作小组来评估外国的税收项目及其对投资实践的影响,并就美国应该如何进行适当的回应提出报告。
- 考虑到技术更新的快速性,政府应该积极寻求一种畅通的世界贸易组织(WTO)工作程序来解决知识产权和市场准入中的违规问题。

总统科技顾问委员会相信,上述建议将会帮助美国有效维持其创新生态系统,保持其技术领先地位,并能领导"下一个关键的且具有决定意义的工业发展阶段"①。

---

① 国家科学基金会领导致总统科技顾问委员会分委员会(PCAST)的信。原文如下:(转下页)

二、综　述

2003 年 5 月，总统科技顾问委员会（PCAST）成立了信息技术制造和竞争力分委员会（Subcommittee on Information Technology Manufacturing and Competitiveness），旨在对信息技术制造从美国移向其他国家的相关问题展开研究。分委员会的任务就是要收集相关事实的信息，探讨潜在的衍生问题，并就这些问题的解决提出初步建议。

为了使思考更加深入，分委员会委托兰德公司（RAND）的科学和技术政策研究所（Science and Technology Policy Institute，STPI）进行了一项研究，①并举办了一系列的会议，听取来自产业界和相关专家的看法。同时，分委员会还举办了 20 多次会议，邀请了学术专家、公司执行官、产业界代表、联邦政府官员以及州和地方官员参与其中。

总统科技顾问委员会最初的工作重心是经济中的信息技术，而非整个制造业中的信息技术。顾问委员会收集并研究了相关数据，形成了以信息技术为重心（focus）的全面而历史的制造业视角，这有助于对核心技术部门进行更为深入的分析。信息技术部门对于美国经济的巨大增值作用引发了这一重心的形成，即信息技术部门成为一个独特的制造部门，成为一个为诸多创新和经济增长提供基础的商业市场，并作为生产力提高的技术支持者来为美国各个部门提升经济效益。② 研究表明，在战后这一时期，技术发展占 GDP 增长的 50％，至少占生产力增长的 2/3。③ 分委

（接上页）如果想要在下一个关键性的且具有决定意义的工业发展阶段中占据主导地位，美国首先必须开发出纳米时代所需的新技术，并培训出相应的技术人员。美国的科学和工程学表明：在分子甚至更小层级上的合成对于通信、信息处理、运输、材料、传感器以及医药品等方面的突破有着重要意义。我们所缺少的是意志和决定了的愿景：那就是跳出 20 世纪的思维框架，将我们最好的研究成果应用于全面革新的制造技术，从而使今天的产品更为出色，并领先生产出明天的产品。

　① Science and Technology Policy Institute, Prepublication Draft (December 2003) (The "STPI Report").

　② National Institute of Standards and Technology (1999) 99 -2 *Planning Report*, *R&D Trends in the U. S. Economy Strategies and Policy Implications* ("NIST99 - 2 Study").

　③ NIST 99 - 2 Study 5 - 6.

员会致力于对当前趋势如何影响美国的科技(S&T)事业及由此而来的国家长期的经济安全做出评估,促使我们对信息技术在国家安全中所发挥的重要作用保持清醒的认识。

美国引领着全球的技术,但这一持续的领导地位并不是自动获得的。这一报告总结了总统科技顾问委员会的研究发现、观察结果及与此相关的建议,旨在帮助美国保持其在创新中的全球领导地位。

本报告撰写时的背景

在撰写本报告的过程中,总统科技顾问委员会对于美国的经济状况有着清醒的认识。报告中论述的许多问题紧扣当前的经济不景气及其之后的经济反弹这一情况。在报告撰写过程中,最后两个季度的经济增长分别为 3.3% 和 8.2%(2003 年的第二季度和第三季度),就业增长紧随其后。报告中的建议是以我们在信息技术部门所发现的相关趋势为基础而提出的,如跨国企业在信息网络的支持下提升管理水平、跨国采购由产品向服务和设计转移,以及越来越多的外国科学、技术、工程和数学(STEM)人才学成后返回本国工作。不管美国处于经济繁荣的中期还是不景气的深渊,本报告的建议旨在维持美国在高技术领域的领导地位,并以此为动力来推动经济的持续发展和提升全体美国人民的生活水平。

三、研究发现和观察结果

1. 制造业趋势

A. 制造业和生产力的总体情况

在过去的 50 年中,强大的生产力使得美国总体的制造业产量维持在一个较高的水平,尽管制造业在 GDP 中的份额及其就业率有所下降。

兰德公司科学和技术政策研究所的分析对多项声称美国制造业存在危机的研究进行了核实,综合了最新的经济数据。这一分析表明:在1947年,美国制造业占 GDP 总值的 27%,到了 2001 年该比率下降为14%。[①] 与此同时,同期制造业就业总人数在全职工作中所占的比重也从 30%下降到了不足 15%。[②] 1995 年至 2003 年期间,制造业就业总人数从 1 740 万下降到了 1 470 万,下降了 15.5%。[③]

然而,同样在这 50 多年中,美国制造业的总体产量并没有下降。1977 年至 2001 年期间,制造业产量(以 1996 年的价格水平计算)基本上翻了一番。[④] 就产量而言,美国制造业的产品在全球市场上没有为外国产品所取代。[⑤] 此外,以不变价格计算,1977 年至 2001 年期间,制造业在美国 GDP 中所占份额轻微下降。[⑥] 这一份额的下降部分源于服务业成本的急剧增长,而这一增长增加了服务业在 GDP 中所占的份额。[⑦]

美国制造业依然保持强势的主要原因在于美国生产力的急剧上升。正如兰德公司科学和技术政策研究所的分析所指出的那样:"产量的增长和美国制造业产品价格的降低同美国制造业部门工人生产力的提高是一致的。"[⑧]生产力提高所带来的结果之一便是生产同等量的产品所需的人力更少。除了制造业就业量的下降之外,生产力的提高同时还带来了工资的增长和生活水平的提高。[⑨] 生产力提高的根本因素在于持续的信息技术革新以及信息技术和生产过程的整合。这一整合以智能化制造设备(如计算机数控机床、机器人技术)、全面质量控制体系以及技术基础设施

---

① STPI Report 4.
② STPI Report 4.
③ STPI Report 57 – 58,56.
④ STPI Report 9.
⑤ STPI Report 9.
⑥ STPI Report 10.
⑦ STPI Report 10.
⑧ STPI Report 11.
⑨ STPI Report 12.

(如测量能力)为媒介,广泛出现于工厂体系、自动化和网络之中。①

国际经济研究所(Institute of International Economics, IIE)最近的一项研究表明:在整个 20 世纪 90 年代,公司集中使用信息技术改革经营管理所带来的生产力增长占总体生产力增长的 75%,另外的 10%—30% 的生产力增长来自公司采用全球化的商业模式。此外,信息技术制造公司的就业总人数在整个 20 世纪 90 年代中增加了 4%,使用信息技术的公司的就业总人数在同期上升了 7%。② 美国国家标准和技术研究所(National Institute of Standards and Technology, NIST)资深经济学家的一项最新研究汇编表明:信息技术是生产力提升和经济增长的关键因素。③

我们还有相当大的提升空间。根据国家标准和技术研究所的制造工程实验室的评估,美国制造业中的大部分产业还没有利用信息技术的最新发展。④ 进一步的产业融合——加强整个制造业的协调和相互作用——可以推进生产力的增长,提升众多公司的竞争力,维持制造业的高产量。即使在如今的全球环境中,这一生产力的提高也可以帮助美国维持制造业的生产能力,而制造业越来越依赖于信息技术工具来增强其生产力和竞争力。国际经济研究所的研究印证了上述发现。

技术前沿(technological frontier)的日益发展,为产业界提供了更多有待开发的潜在的生产力获益。近来信息技术创新和全球竞争压力的一个结果就是凸现出经济内部变革速度的重要性。美国经济的灵活性从总体上提供了优势,信息技术应用的速度也可以帮助维持美国的竞争优势。⑤ 美国在如下两个方面面临着挑战,即保持其技术前沿领先优势的

---

① 乔治森(Dale Jorgenson)教授和计算机系统政策项目(the Computer System Policy)致总统科技顾问委员会分委员会(PCAST)的陈述报告。

② Mann, Catherine (2003). *Globalization of IT Services and White Collar Jobs*: *The Next Wave of Productivity Growth*, Institute for International Economics, Policy Brief No. PB03 - 11.

③ NIST Study 99 - 2.

④ 国家标准和技术研究所制造业实验室向总统科技顾问委员会分委员会提交的报告。乔治森教授的报告中提到了生产力的增长首先来自信息技术产业本身,其次来自应用信息技术产业的工业。

⑤ 乔治森教授向总统科技顾问委员会分委员会提交的报告。

领导地位和确保各产业能继续快速且最佳地实现生产力获益。

虽然上述讨论集中于长期趋势,但总统科技顾问委员会并没有忽视近年来经济不景气的短期效应。最近的统计资料表明[1]:2000 年 6 月至 2001 年 11 月期间,美国工业产量下降了 7.4%,2001 年 11 月至 2003 年 6 月期间则上涨了 0.6%。制造业生产力维持增长局面——2001 年增长了 1.6%,2002 年为 6.4%,2003 年第一季度和第二季度分别为 4.9%和 4.2%。虽然这些最新数据表明产量和生产力都呈现上升趋势,但我们不能忽视就业总人数的下降。2003 年 6 月,美国制造业的就业总人数为 1 465 万,相比于 2001 年减少了 130 万。从全世界来看,[2]据估计,1995 年至 2002 年期间消失的制造业就业岗位达 220 万。[3] 毫无疑问,作为总体劳动力的一部分,在线制造岗位(online manufacturing jobs)将持续下降,但随着消费者在不同产品选择以及获取新技术产品方面的需求日益增加,就业岗位也将会得到增加。

最近,布什总统高度赞扬了美国工人的高生产力,但他同时指出:"制造业部门仍存在一个问题。"[4]他表明"为了获得全面的复苏,确保民众可以找到工作",制造业部门"必须做得更好"。[5] 总统科技顾问委员会在这一报告中关注信息技术和生产力,旨在寻求如何使美国经济在创造新的就业岗位和提升人们生活水平方面获得最大的成功,帮助美国制造业做得更好。

B. 信息技术发展趋势

面对全球竞争,美国信息技术制造业从 1970 年代以来急剧萎缩,过去五年情况尤为糟糕。尽管美国在占据领先优势的设计工作方面保持着

---

[1] National Association of Manufacturers *"Quick Facts"* Data Sheet (December 2003).

[2] 最近的经济统计数据表明,经济活力和就业率有所反弹,最近两个月内产生了 234 000 个新的网络职业(2003 年 10 月—11 月)。

[3] 参见 Carson, Joseph(2003). *Manufacturing Jobs' Global Decline(Part I)*, Alliance Bernstein.

[4] 总统在劳动节当天的讲话,Richfield, Ohio(September 1, 2003).

[5] 总统在劳动节当天的讲话。

相当程度的主导地位,但美国产业界的专家们却对失去这一优势表现出极度的担忧。

　　信息技术制造业在美国经济中起着重要的作用。计算机和电子制造业为美国工人提供的岗位数位列第三,仅次于金属制造业和交通运输业。[①] 计算机和电子部门也是第三大增值产业。[②]

　　从就业的角度看,过去五年中,国内计算机制造业岗位急剧下降。1997 年至 2001 年期间,美国国内总体的制造业下降了 6％,而计算机制造业的就业岗位下降了 20％。[③] 进一步的细化研究表明:半导体、电子计算机和计算机外围设备的就业岗位在这一期间都呈下降趋势。[④] 最新的数据表明,在 2000 年 1 月至 2002 年 12 月期间,减少的高技术制造业岗位超过 40 万个。[⑤] 总体而言,2002 年高技术产业岗位减少了 54 万,预计 2003 年将减少 23.4 万个岗位。[⑥]

　　高技术产业一直是一种全球性产业。高技术产品的出口,占美国全部出口量的 34％。美国处于世界高技术出口国的领导地位。[⑦] 然而,其他少数国家或地区,尤其在亚洲,高技术产品出口同样也不容小觑。日本、新加坡、韩国和中国台湾地区输出的高技术产品总量高于美国,而中国大陆已经跃升为世界上第八大出口国。[⑧]

　　受日本的影响,美国半导体产业中存储设备的全球市场份额从 1979 年的 70％降到了 1986 年的 20％。[⑨] 虽然存储设备的市场份额从未获得全盘复苏,但在 20 世纪 90 年代,所有存储设备的市场份额反弹,1988 年

---

① STPI Study 66(2001 年数据).

② STPI Study 66.

③ STPI Study 67.

④ STPI Study 68(图 4.10).

⑤ American Electronics Association (2003). *Tech Employment Update*(见 www.aeanet.org/Publications/idmk_endofyear2002.asp).

⑥ American Electronics Association (2003). *Cyberstates* News Release.

⑦ STPI Study 81.

⑧ STPI Study 81.

⑨ STPI Study 26.

到 2002 年期间从 38% 上升至 50%。这一反弹主要归因于模拟产品、微处理器、特定用途的集成电路以及混合组装元件等高增值设备。[1] 美国政府的积极举措也帮助了美国在半导体产业中获得复苏。1986 年,里根总统对日本进口实施了前所未有的贸易制裁,强迫日本开放其国内半导体市场,打击非法倾销。美国政府和产业界组成了一个半导体制造技术产业联盟(SEMATECH),旨在提升美国的生产能力,增强半导体制造业设备基地建设。

美国信息技术制造业所面临的竞争力挑战,与中国、其他亚洲国家或地区以及 20 世纪 80 年代的日本所面临的挑战有着明显的差异。美国政府对于当前状况的任何回应都必须考虑到目前的竞争环境。

同其他亚洲竞争对手相比,中国有着庞大的人口,因此中国作为高技术生产者的崛起引起了越来越多的关注。中国正在形成一个庞大的市场,但它与这一扩展相联系的产业政策和经济政策依然可能存在着不确定性。有些人想知道中国是否有一天会同 20 世纪 80 年代日本在半导体存储制造业中所创造的神话一样,在尖端技术(leading edge technology)领域异军突起。虽然当前尖端技术的半导体设计仍掌控在美国公司手中,[2]但设计过程已日益成为一种全球 24 小时循环系统,分布在全球各地,如印度、以色列和爱尔兰等地都参与其中。中国的设计能力只局限于低端产品,新加坡的设计能力也处于低端产品。[3]

衡量海外信息技术制造业发展水平的工具之一便是对半导体这一信息技术产品基本组成部分的购买力。正如图 2 - 1 所示,在 2001 年,亚洲半导体市场超过了美国,并且预计这一差距将会继续扩大。

尽管美国依然保持着尖端技术的领导地位,但信息技术制造业的流失已经成为总统科技顾问委员会同其他产业界专家讨论的焦点。许多首席执行官、学者和政府官员都表明他们对于这一生产能力流失(以及日益增加的服务)所带来的长期效应感到忧虑。制造业就业岗位表明了美国

---

① STPI Study 28.

② 见大型商业咨询公司向总统科技顾问委员会分委员会提交的报告。

③ 见大型商业咨询公司向总统科技顾问委员会分委员会提交的报告。

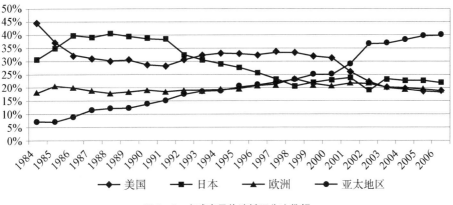

图 2-1　全球半导体消耗百分比份额

竞争力的下降(理由参见前文),人们担心这一制造业的海外转移最终将会影响到美国新技术的开发与创新的驱动能力。信息技术制造业并非同质的或静态的,但随着现存制造业向海外的转移,我们应该确保通过新的技术创新和新产业的创造,用新的高增值的制造业或其他替代产业对现存制造业取而代之。

社会发展趋势的明朗化和维持个人繁荣

在本报告的商讨过程中,总统科技顾问委员会的许多委员都表明:过去 50 年中制造业岗位的发展趋势同之前农业部门的经历极为相似。100 年以前,50% 的劳动力都从事农业劳动,而 50 年之前这一比例下降到了 20%,如今这一比例仅为 3%。然而美国的农业生产力和产量远不止于维持稳定,而是得到了急剧的上升,产品出口全世界。同样的,在过去 50 年中,制造业劳动力在国家劳动力中所占的比重从二战后的 30% 下降到如今的 15%。然而制造业的生产力依然得到了提高,总体产量也维持稳定。农业"紧缩"有着重要的社会含义,与此相类似的制造业的发展趋势同样如此。农业发展虽然趋于分裂,但却是有益的:随着国家对农业劳动力急剧紧缩这一危机的成功应对,人们的生活水平得到了提升。我们的建议旨在帮助每个人在现代经济发展中同时积累财富。

2. 国外竞争构成威胁的潜在原因

我们并不仅仅是与外国公司进行竞争，而且是与其他国家进行竞争。[1]

美国信息技术制造业向海外转移具有多种原因。包括传统的经济因素——如获得廉价劳动力、接近潜在市场等，以及外国政府项目的推动。劳动力因素（labor factors）对于较为简单的装配作业而言较为重要，而高资本投入和需要尖端技术的半导体、显示器或其他高性能产品的制造企业使得非劳动力因素（non-labor factors）更为重要。

同外国竞争对手相比，美国在吸引新的高技术投资方面具有几大明显的优势，包括：

- 世界上最优秀的研发体系（通过大学、政府和产业界）；
- 最佳的劳动力和研究性大学；
- 最灵活、积极进取的企业氛围；
- 最好的政府和法制（rule of law）以及相关的知识产权保护；
- 最好的基础设施；
- 世界上最大的高技术产品市场。

这些优势是绝对的，但正受到全球竞争的影响而逐渐消失（某些基础设施由于时间和被忽视而受到影响）。总而言之，当这些优势所带来的益处为其他因素所超越时，如劳动力成本和接近潜在市场时，就会如前文的数据所示，美国信息技术制造业将转向海外。

信息技术生产者大声地且非常明确地告诉总统科技顾问委员会，他

---

[1] 高技术公司官员致总统科技顾问委员会分委员会的陈述。

们的制造能力向海外转移是一种发展经济必需和提升竞争力所必需的问题，顺应了消费者的需求。当产品周期成熟，劳动力成本取得支配地位（以及知识产权的顾虑减轻）时，美国便失去了竞争优势。此外，信息技术公司管理复杂的全球制造网络的能力在不断提升，使得海外制造更具吸引力。

此外，美国的研发优势并非总能超越海外工作的益处。实际上，美国信息技术公司不仅将研发和设计移向海外，一些公司甚至向海外中心提供高端的设计项目。这一趋势很可能继续延续下去。随着外国大学和毕业生质量的提高，美国在这一领域的优势将逐渐消失。某公司向总统科技顾问委员会表明：印度和亚洲工程师的工资仅为美国的 1/3。一家咨询公司也指出：从总体上说，国外工程师的劳动力价格仅为美国的 1/10。为了利用这一劳动力成本优势，美国公司在这类国家以及欧洲建立研发中心。尽管没有公司向总统科技顾问委员会表明它们将高端的研发和设计移向海外，但国外的这类研发中心却信心倍增，年轻的技术人员也正在学习管理技能。正如复杂的全球制造业网络管理在早期导致更多的离岸制造业（offshore manufacturing）一样，对全球研发网络不断提升的信心和管理将可能使高端的研发和设计工作移向海外。

外国政府采取积极的姿态，将信息技术产业视为经济发展的关键，这将进一步增强这一潜在的经济发展趋势。各国政府采取相应的国家政策，使得国外制造业的成本优势更加引人注目。一些重要的国外项目如下：①

- **税收优惠**。外国政府提供税收优惠来吸引公司和个人层面的外国投资。也许最具争议的税收激励便是中国对国内生产芯片的增值税（value-added tax）进行退税的政策。外国制造芯片的增值税为 17%，而国内制造商为本地生产的芯片支付增值税时则可以享受退税（最高为 14%）。中国和其他亚洲国家为公司提供免税期。

---

① STPI Study 143 – 145.

在中国的某些地区，集成电路和软件公司享受"5＋5"的激励计划，公司可以免缴5年的中央政府税收，在接下去的5年中执行50％的减税，其中上海便提供"5＋5"计划，而北京则提供"上海＋1"（Shanghai plus 1）计划。

在个税方面，中国根据面值对股票期权进行征税，不征收资本收益税；在新加坡，每个获得特许的半导体生产企业可以获得10年的免税，此后的5年还可以享受减税。

一个美国主要的半导体生产商告诉总统科技顾问委员会的信息技术制造和竞争力分委员会：美国在税收方面无法展开竞争，因为亚洲国家或地区为一个重要的新工厂所提供的有效差异（effective differential）达到30亿美元总投资中的13亿美元。

- **补助金计划**。有些国家或地区政府也直接提供补助金、贷款倾斜和其他形式的优惠待遇。例如，中国台湾地区为台湾半导体制造公司（TSMC）和联合微电子公司（UMC）的启动提供了大量的支持。TSMC和UMC都是从当局资助的研究机构中分离出来的企业。中国台湾地区为TSMC提供了初始投资总额达2亿美元中的50％。中国台湾地区还在制定工业区时为海外公司提供2年的免租金优惠待遇，其后4年还可以享受减租待遇。另据报道，新加坡政府为特许半导体制造企业提供95％的启动金。

- **货币评估**。虽然中国的货币政策并非针对信息技术部门而实施，但有估计认为，中国人民币与美元的挂钩，使得人民币价值相对美元而言被低估了40％。

- **基于科学的工业园区**。在中国，中央和地方政府部门都积极设立包括研发中心在内的高科技工业园区。中国台湾地区为在指定工业区内设立公司总部或研发中心的海外公司提供免租金和租金减免的优惠待遇。

- **工人培训**。新加坡为高技术公司提供技术人员的教育和培训资金。中国对在美国接受教育的中国学生实施一系列的激励措施，以吸引他们回国。

尽管存在这类直接的激励措施和其他经济优势,企业外包(outsource)的能力也并非是无限制的。国外企业管理的困难、国外不够理想的基础设施、较高的运输成本、技术工人的持续供应以及其他一些问题,都对美国企业外包高技术工作的能力提出了挑战。① 当前的发展趋势表明,在网络和现代化通讯技术的帮助下,其他国家在应对这类挑战时更为成功。我们依旧可以通过实施富有竞争力的成本结构以及维持促使美国成为一个具有吸引力的产业环境的相关特征,来维持美国国内的制造业和工作岗位。

3. 启示和关注

"国家的优先事项和企业的优先事项是难以一致的。"②

美国高技术领导地位的丧失,将会对国家的经济安全及其国民的生活水准产生消极影响。虽然这一危险并不会马上成为现实,但当前趋势的继续,可能会导致驱动美国创新体系获得成功的"创新生态系统"的崩溃。

美国高技术的统治地位并非永不动摇,总统科技顾问委员会分委员会特别关注到信息技术制造业的下降对美国长期经济健康所产生的影响。该分委员会考查了美国经济的本质及美国经济从它的创新领导地位中所汲取的长期发展力量。这一领导地位不仅通过发展新技术,而且通过利用这些新发展,已经确保了美国经济在世界经济之梯上持续向上攀升。从历史的眼光看,美国在特定制造业部门,如在产品开发周期和我们的创新系统产生新产业、新岗位和更高生活水准的上升动力方面,失去了

① Biswa, Dipesh (2003). *Offshore Outsourcing*: *Is It The TCO Slasher it Promised to Be*. Deloitte Consulting.

② 一家领先的信息技术制造企业的执行官致总统科技顾问委员会分委员会的陈述。

自身的比较优势。但持续的创新为生产力的提高奠定了基础,而生产力则帮助美国经济中的制造业和其他部门的竞争力获得提升。

因此,总统科技顾问委员会特别关注这样一个过程,即美国创新系统崩溃可能带来的灾难性结果。这样一个灾难性结果难以预期,但理解这一可能发生的过程至少有以下两点益处:首先,如果这一危机确实存在的话,这一理解有助于预防性措施的制定;其次,即使这一危机被夸大,这一理解也为进一步加强美国创新体系指明了方法。

A. 研发——制造业"创新生态系统"

> "研发和制造业之间的密切联系,对于具有领先优势的制造业者来说是非常重要的。"[①]

信息技术制造和竞争力分委员会通过对当前制造业和迫在眉睫的研发趋势分析后,提出了如下问题:美国通过什么方法来维持它的技术领先地位? 这种领先地位又可能是如何失去的? 为了获得答案,总统科技顾问委员会的分委员会探讨了研发和制造业之间存在的循环和动态关系的联系,这一循环和动态关系驱动着如何成功地创新开发前沿产品,以及如何将改良的信息技术融入到新的和已有的制造业过程中去,以此来获得更高的生产力。此项调查的操作原则是:研究—制造业这一过程不是一种单一方向的连续,而是作为研发—制造业"生态系统"的结果。这一生态系统由基础性研发、前竞争性开发、原型设计、产品开发与制造,以及通过对现有制造业环境的理解以找到成功的研发途径等环节组成。设计、产品开发和工艺流程的演变全都受益于与制造业的结合,如此,新的观念可得到那些在"现场一线"工作的人士的检验与讨论。

在信息技术领域中,这种生态系统依赖于人力资本的价值以及研发和制造业之间的密切联系。在信息技术部门,知识或者说人力资本具有非常高的价值。随着技术开发速度的加快,新的研发和制造业之间相互

---

① 一家领先的信息技术公司的执行官致总统科技顾问委员会分委员会的陈述。

依存的关系就变得极为重要,而且这些联系正是由人所提供的。

尽管创新生态系统拥有众多要素,但是有两个要素在推动持续创新的进程中显得最为重要:强大的研发中心和制造能力,拥有这两个要素的地区具有竞争力优势。确实,几个主要的制造业厂商告诉总统科技顾问委员会的分委员会,虽然离岸制造业(offshore manufacturing)具有成本优势,但由于在本土更能利用一流大学的研发能力(或是某个州致力于提高这一能力),所以他们还是决定在美国国内另辟蹊径。如果我们丢失研发能力及其与制造业之间的联系,那么5年后和10年后对工厂选址所作的决策将会有显著的不同。

对于"创新生态系统"效应的进一步支持,来源于最近对区域性"集群"(clusters)的研究,该研究发现"**集群**"正成为创新和经济发展最为成功的手段。① 这些"**创新集群**"(Clusters of Innovation)是以各种各样的方式贯穿于整个国家的,而并不单一地存在于信息技术部门。而且,创新确实也在由制造业、研发、受过适当教育的熟练工人以及其他成功的商业发展所必需的要素等形成的"集群"中显现出来。

最后,正如第一部分所指出的,如今信息技术业发展和全球化竞争的一个重要特征是变革的速度。美国已经在这一方面拥有优势,因为它的经济制度是非常灵活的,而且已经证明通常美国可以在其自身经济体系中迅速采用新的信息技术创新。制造业和研发之间的密切关系有助于美国经济的灵活性发展。

B. 对美国的启示

造成美国高技术领导地位丧失的威胁有两个:一是失去关键"支撑点"之一(研发或制造业)会损坏我们的生态系统;二是其他国家会努力地效仿美国的创新生态系统模型,并直接与我们竞争。此外,不同于自然资源,人力资本可以通过财政投资而重新部署或产生,因此国外的进步并未面临"自然"的限制。正如上述"启示和关注"中A部分所言,其他国家正

---

① STPI Study 75-79. 另外可见 the Council on Competitiveness, Clusters of Innovation 的报告,网址为 www. compete. org/publications/clusters_reports. asp.

迅速地将优秀的研发中心移到制造业企业的边上。

特别是中国开始进入高技术领域的竞争，这对于许多行业和学术性专业人员而言增加了新的担忧，其中部分原因来自中国庞大的经济规模以及中国对发展高技术产业的坚定政策。[①] 此外，由于人口基数庞大，许多工业化国家（包括美国）认为中国在经济增长方面显示出很大的市场和众多的机会。因而，对落后的预期则意味着美国失去利用这一机会的能力的可能性。另一方面，中国比国外的竞争者更关心中国企业的经济效益。此外，中国的人口规模使得它的劳动力价格比其他亚洲国家的增长要慢得多，而且中国还拥有一种强大的企业文化和传统。我们从以上种种原因可以看出，中国发展领先的高技术生态系统的努力意义相当重大，而且会持续很长时间并从外国投资中获得广泛的援助。

需补充说明的，是美国的教育趋势。最近的统计数据显示，外国学生在获取科学、数学和工程领域等各个层次的学位数的比例方面呈上升趋势，而且他们本国在授予这方面的学位数量上也呈增长趋势。[②] 这些趋势不仅说明了其他国家在吸引离岸制造业方面的能力，同时也说明他们希望在尖端研发和设计方面与美国一争高低。

美国信息技术生态系统的持续受损是由于其主要"支撑点"——研发或制造业——的退化，而且这一退化已严重地影响到美国的经济和生活标准。研发—制造业创新生态系统对于每一个制造业部门来说都是至关重要的。然而，这一重要性对于信息技术部门而言尤其值得重视，这是因为它的普遍存在性（有这样一个共同趋势即通过每一个其他部门的组织，帮助维持美国的生产力和实力），也因为信息技术发展的速度使得研发与制造业之间的密切联系变得尤为重要。

正如上文"制造业趋势"中所提到的，信息技术的创新一直推动着美

---

① 中国拥有其他邻国所不具备的灵活的企业家文化。

② 例如，美国于 1987 年授予其本国公民物理学和工程学博士学位 4 700 人，1997 年 5 100 人，2001 年 4 400 人。亚洲公民获得此学位人数为 1987 年 5 600 人，1997 年 17 700 人，2001 年 24 900 人。此外，自 1996 年以来外国学生在美国大学获得博士学位的百分比下降了 15 个百分点。National Science Board (2002). *Survey of Earned Doctorates*，科学和工程学数据库。

国生产力的提高,并对维持美国制造业部门的健康发展发挥了作用。通过新的创新和在整个经济领域中更为广泛地采用已有的信息技术成果,这类获益还将继续得到延续。当美国公司从国外购买信息技术的同时,维持国内的创新循环是保持国家长治久安的重中之重。信息技术产业对美国的经济来说具有非常高的价值,而一个健全充沛的技术创新系统更是国家和国土安全获益良多的保障。①

需要思考的是,当别国的生态系统逐渐强大的时候,我们的生态系统是否在变弱,美国技术的领先地位是否还能得到保证? 然而,当这些关于国家经济衰落的预言已经停息之时,这一问题并未受到决策者的关注。如同"世界末日"说一般,我们生活水平持续提升的步伐将会由于许多个人的决定、行为和懈怠的长期堆积而减慢。今天作出的决定正在对我们自己的创新生态系统产生进化式的影响,而外国的竞争者则发展着他们的创新生态系统。外国的收益不会影响到我们的生活水准,贸易增长和经济关系的利润将使全体人获益,这种"双赢"局面的出现当然是最佳的。

4. 国内的成功经历

"美国各州正与外国展开激烈竞争。"②

美国有几个州已经在引进主要高技术制造业公司方面取得了巨大的成功。虽然细节上有所差异,但是这些州有一些共同的"最佳实践"。他们理解这个生态系统的支撑特征,如熟练劳动力和大学研究的基础设施的重要性。他们把与其他州共同竞争高技术制造业公司看作是一个经济发展的问题了为了实现目标,他们制定计划,不懈追求并提供各种激励措施。在美国,这种州的行为同样在吸引和维持高技术制造能力上发挥着

---

① 总统科技顾问委员会并没有去检查信息技术对国家和国土安全所作的贡献程度,但是,对于现代军事、智力服务和国家国土安全领域而言,这种贡献是显而易见的。详见: STPI Study 17 - 18.
② 一家领先的信息技术制造企业的首席执行官致总统科技顾问委员会分委员会的陈述。

重要的作用,并将在未来继续发挥作用。

　　总统科技顾问委员会的信息技术制造和竞争力分委员会调查了政府在维持美国高技术优势中的任务。在与近期决定将制造工厂设在国内的公司和州政府官员两者的讨论中,分委员会发现了一些共同的举措,即每个人都同意在为各州引入新的制造能力的事业中扮演重要角色(从而也维持了制造业在美国的存在)。

　　这些"最佳举措"中最为重要的,是来自州一级政治领导层中坚决的和持续的承诺。州长和州的经济发展官员必须具有吸引信息技术产业的意愿,并对此有一个全面的计划。立法必须成为这一过程的一部分,并且愿意不仅在决策时给予财政上的支持,而且还要表明这种支持的承诺将超越一任州长的任期。来自高层的这种承诺和关注——意味着这必须成为州长的一项最优先事项——在实施和维持一项成功的州级项目中似乎是至关重要的。基于总统科技顾问委员会与公司决策者的讨论,值得指出的是,将工厂设在其他国家所带来的税收和经济效益通常是非常明显的。① 因此,除了财政激励外,其他许多因素也都应予以考虑,例如强大的研发能力和大量受过适当教育且有技能的公民等因素,以此来有效地影响制造商,让他们做出把工厂设在国内的决定。

　　同样值得关注的是,在应用这些"最佳举措"以吸引制造业公司时,各州政府似乎并不关心这个公司是美国公司还是外资公司。从州的经济发展角度看,州通过增加就业机会、税收和劳动力的改善便能自然获益,而不论公司的所有权属于谁。总统科技顾问委员会认为,运用一种更为整体的观点(即研发—制造业生态系统),对于美国提高吸引和增加本国的甚至是外商拥有的高技术制造业的能力是十分重要的。

　　具体的"最佳举措"包括如下方面:

————————

　　① 例如,一个公司告诉总统科技顾问委员会分委员会,将工厂建在中国的精确(税务)利益是,在中国只需要1.3亿美元而在美国则需要3亿美元。这种差异是美国永远无法消除的,但政府同意在对于公司重要的其他方面履行和提供支持,如与大学联合研发的委托事宜等。

- **对大学研发事业的大力支持**。部分从中受益的州政府已经做出承诺,将对相关大学的研发项目进行资助。这种承诺体现在以下两个方面:一是组织和协调现有的大学结构以使其对企业的发展具有吸引力,二是在企业愿望变得明显之时逐步做出新的承诺(如在某种情况下承诺要为其建造一幢新的工程大楼)。
- **受过教育的劳动力**。各州成功计划中的一个关键要素是承诺通过对教育计划的强有力支持来提供技术熟练的劳动力,这类教育计划包括 K-12 年级的教育计划以及社区学院和大学的教育计划。
- **特许区域**。对于企业界来说,各州提供没有附加各种复杂规定的工业场所也是很有吸引力的。获得所有许可和其他规章的特许对于潜在的制造商来说意义重大,对那些技术发展迅速且其进入市场的速度至关重要的领域而言,尤为如此。
- **友好的税收政策**。不同的州在吸引制造业时会采取不同的税收方法,而公司非常注意这些政策。因为外国政府常常会有一些美国联邦和各州政府难以与之匹敌的税收政策,因此每一项小小的税务利益都会造成某种差异。这种政策包括收入税减免、财产税封顶、折旧率好处和销售税减免等。如果制造企业能够满足某些特定的要求(如某种程度的投资和就业),一些州政府便会为它们提供由立法部门批转的一揽子特许政策。

在与各州政府官员讨论这些问题时,他们抱怨说在尝试通过本州的大学系统来实现研发的目标时,难以协调联邦政府的研发项目。在实践中,很少有重要的联邦研发项目会考虑到或努力与州经济发展计划中的研发内容保持一致。即使联邦机构在某些州建立了大型的研发中心,各州也不愿意试着将其与州的经济发展努力协调起来。

最后,总统科技顾问委员会在通过对各州政府的努力之总结中得出结论:信息技术制造商在做厂址选择的决定时,经常会在美国各州激励计划与外国国家级激励计划之间进行权衡。因此,我们的各州政府不仅彼此之间要竞争,同时还要与外国进行竞争。这就使得联邦与州之间的协调(如果有可能的话)显得特别的重要。

四、建 议

总的观点

美国希望所有国家都获得成功并达致繁荣,但同时也希望本国公民的生活水准能够延续其长期以来的持续提高。为实现这双重目标,美国必须在创新和技术发展方面保持其全球领导地位。上文的"研究发现和观察结果"部分对几大趋势或问题进行了描述,旨在帮助美国维持其创新领导地位。这些趋势引起了信息技术界的深深忧虑,不仅担心(在过去已经发生)我们的国家失去日用产品的生产能力,而且也担心失去那些美国长期处于主导地位的高附加值的制造业和服务业。

外国在以下两条基本战线上对美国的高技术领导地位发起挑战:第一,他们一方面直接资助国内的生产者,另一方面对外资公司的选址决定给予资助。第二,他们正竭力复制我们非常成功的创新生态系统。此外,因特网和其他技术成就正在支持这些努力,从而使世界变得更小,并使建立和依靠外资运作的费用得以降低。随之而来的趋势将包括如下:

外国对制造业投资实施强有力的外资激励措施,尤其是税收优惠

- 公司税率近似于零(以吸引公司,尤其是诸如半导体制造业一类的高资本密集型公司)。
- 优先认股权的税率近似于零(以吸引人才)。
- 其他如工厂选址的激励措施(如直接拨款资助、优惠利率的贷款、公共事业和基础设施的建设等)。
- 增值税减免(以补偿进口货物给地方生产者带来的损失)。

在复制美国创新系统成功方面促进外资效益

- 稳步改善外国教育和大学系统,以培养有才能的科学、技术、工程和数学(STEM)等领域的毕业生,这些毕业生的劳动力价格相对低廉。

- 建立外资研发园区,使制造业与大学(和产业界)的研发紧密相连。

- 促进国家资助的研发项目技术成功地向产业化生产和商业化生产转移。总统科技顾问委员会 2003 年的报告,即《联邦资助的研发技术的转化》(*Technology Transfer of Federally-Funded R&D*)讨论了《拜杜法案》(Bayh-Dole Act)和相关立法的成功案例,并指出外国正试图复制美国的模式。

美国公司在利用外国优惠政策和在高附加值类型工作中雇佣外国员工两方面的信心不断增强:

- 获得科学、技术、工程和数学学位的外国学生的比例在不断上升,在美国以外获得这类学位的人数也在不断增加。

- 因特网对更具效率的全球化企业管理贡献良多:对国外服务开始越来越信任,包括高技术研发和设计;一流的创新公司开始引入全球 24 小时的设计循环;将国外大学视为科学、技术、工程和数学人才来源的信心不断增强;在全球供应链方面的竞争和管理能力不断提升。

尤为重要的是,美国在创新人才和企业家行为方面仍然保持强大的吸引力。我们拥有全世界最好的研发体系,包括一个全球最大的市场和一种强大而灵活的企业家式的商业氛围。同时,若干州以一种持续和系统的形式推动着高技术制造业和**"创新集群"**。因此,总统科技顾问委员会虽不认为美国处在"世界末日"的科技或经济状态中,但却严肃地提出告诫,即我们在高技术方面的持续领导地位并不是必然保持的。由此来看,我们不能预期美国在创新领域方面维持其独有优势。这将取决于它在竞争中所处的位置。

从长远来看,为使美国通过持续的经济繁荣来维持本国的高生活水准,国家创新生态系统的基本组成必须仍然保持健康。为达此目的,我们需要继续以一种灵活的方式支持这种健康状态。我们必须同时评估外国正在做些什么(他们这样做旨在与我们竞争领导地位),明确我们在哪些方面受到何种方式的威胁,并为未来作出合理的政策回应。总统科技顾问委员会不仅相信高技术制造产业的持续流失会损害到美国创新生态系统的其他部分,同时确信提升我们创新生态系统的各个组成部分将有助于使制造业仍然建在美国国内。

总统科技顾问委员会的建议

总统科技顾问委员会(PCAST)的建议基于这种信念,即上述所讨论的趋势不仅重要而且具有潜在的严肃性。尽管美国处于创新领导地位并保持着一些重要的创新优势,但在过去两年中已有 75 万多个高技术岗位流失了。[①] 在国家经济繁荣和高生活水准中发挥关键作用的创新生态系统却遭遇了退化。

总统科技顾问委员会建议,美国不应以其长期的高技术优势将会延续而自满得意,而是要注意到这些处于发展中的趋势并做出反应。总统科技顾问委员会明确地建议以下两条基本行动方针:第一,美国应该支持组成自身创新生态系统的基础组成部分;第二,美国应该评估外国直接补助的特征和效果,并对此制定相应的对策。

支持美国创新生态系统的健康状态

1. 加强国家的研发能力

美国的研发系统是世界上最好的,或许也是我们的主要竞争优势。国家不能放弃这个优势而应该继续巩固它。

增加对美国大学中的数学、科学和工程学领域的基础性研究资助。总统科技顾问委员会 2002 年《评估美国的研发投入》(*Assessing the U. S. R&D Investment*)的报告,在继国家卫生研究院(NIH)使预算加倍

---

① 美国电子学协会,由 Cyberstates 出版发行(2003 年 11 月 19 日)。

后,提出了增加对基础数学、科学和工程学的研发资助。总统科技顾问委员会注意到政府对委员会关于这一领域的建议所做出的积极回应,并对此感到欣慰。通过这一报告,总统科技顾问委员会进一步重申了联邦政府对物理科学研发投资进行重新平衡的重要性。委员会留意到了联邦政府在预算方面的困难这一现实。但是,这个独特的投资领域,将成为我们持续研发尖端技术方面重要的贡献性因素,而且我们国家的研发基础构成了美国全球性竞争的主要优势。这些投资不仅是刺激经济竞争所必需的,而且在为其他重要领域如医学、卫生保健和农业等提供工具方面也是至关重要的。依据持续创新的需要,我们还建议对潜在的高回报领域如纳米技术、信息技术和制造业等的研发投资,进一步区分出优先次序。

总统科技顾问委员会重申,我们优先提议建立新的奖学金计划(scholarship and fellowship programs),并提议设立一个联邦政府提供的基金资助计划,用于匹配由各州资助的医学和物理科学等方面的基础研究。

最后,我们的研究性大学令世界刮目相看,但它们经常使用的却是陈旧的设备。设施的现代化有助于保持我们的优势。国家科学和技术委员会(National Science and Technology Council,NSTC)正努力探究这一问题(与改变“商业模式”一样)并敦促政府给予优先对待,我们对此深表赞同。

与各州政府更好地协调研发之努力。如前所述,总统科技顾问委员会曾与几个州政府——它们正努力采取各种措施以应对来自外国的冲击——进行过对话。这些州政府通过他们的大学体系提供了一种友好而又充足的研发环境,集中培养技术熟练的劳动力,当工作人员兑现其职责时可免除州一级的税收,提供特许区域以使政府复杂烦琐的规则尽量简化。

这些州向本委员会强烈反映,联邦政府应提供更多的支持,包括应更好地与联邦研发机构协调工作,以尽可能地帮助州的经济发展的努力方向与联邦计划相协调。当前,各州税收并不一致,统一的税收有利于各州吸引制造类企业。

　　总统科技顾问委员会建议总统责成国家科学和技术委员会组建跨机构工作小组(interagency working group, IWG)来探讨这一话题。由跨机构工作小组应与州政府一起讨论来确定州政府在哪些方面缺乏协调以及采取哪些措施来改善这些不协调的现象,包括对法律法规进行修改的建议。通过国家科学和技术委员会的这一举措,总统科技顾问委员会试图重点解决研究和开发的协调问题,并关注通过维持健康的创新生态系统以驱动技术领导的其他若干领域。负责制造业与服务业的助理国务卿可以主持这一跨机构工作小组,并同商务部部长一起于 2004 年 6 月 1 日前就这些建议向总统作出反馈报告。

　　思考新一代的"贝尔实验室"模式。在过去 20 年中,美国丧失了重要的研发优势,以贝尔实验室为代表的工业研发中心有的关闭,有的严重萎缩。这一丧失源于诸多因素的综合作用,包括以底线为导向的(bottom-line oriented)商业思路,及在贝尔实验室身上体现出来的日益减少的来自垄断组织的资助。然而,研究和开发中颇有价值的研发类别已经消失(例如,基础性的公司研发、通过实验室中工作人员的工作将成熟技术转化为应用),总统科技顾问委员会将继续与科学和技术政策办公室(Office Science and Technology Policy, **OSTP**)合作,针对如何为这类活动的现代化模式创造一种与市场条件相一致的合适环境,进行进一步的研究。某些纳米技术项目(如纳米技术中心)可能会提供一些适当的机会。

2. 改善劳动力/教育

　　在维持持续的技术领导能力和健康的创新力方面有两个关键性要素,一是可资利用的科学家和工程师,二是大量后备的技术雇员。总统《不让一个儿童落后法》已经为满足 K-12 教育的需要而奠定了良好基础,与此同时大学和研究生教育同样也可得到提高。美国还必须找到一条途径去说服更多美国出生的公民去从事技术职业。总统科技顾问委员会的另一个报告论述了劳动力/教育的问题(Workforce/Education issues)。这个报告充分支持此类努力,并认为劳动力/教育问题对于我们国家长期的经济安全和创新领导是至关重要的。

3. 提升美国企业家氛围

正如前文"启示和关注"中第一点所提到的,美国主要的竞争优势之一是快速适应多变的经济环境的能力:利用新技术发展来形成新型产业,并且整合新技术以提高现有公司的生产力。在未来的全球化环境中,技术变革只会变得更快,从而使得经济灵活性对于我们国家持续的创新成功和经济繁荣具有更为重要的意义。

我们的企业家氛围在维持美国经济的领导地位方面已经显得非常重要,例如创办新公司以开发新技术是非常有效率的。崛起的中国是一个具有企业家文化的高技术竞争者。因此,美国需要采取政策来加强和巩固我们的企业家氛围和经济的灵活性。

总统的税收政策降低了边际成本并减少了资本收益和股息税,这已产生了重要的影响。此外,总统的"促进经济增长和岗位创造六点计划"(Six Point Plan to Promote Economic Growth and Job Creation)①包含了一些重要的特征,尤其是普通美国人支付得起并可预期的医疗保健费用,减轻法律诉讼在经济上的负担,以及简化规章和报告要求,这将大幅度提高经济的灵活性。总统科技顾问委员会充分认可总统在这些领域所做出的努力。我们特别强调,侵权行为的改革(tort reform)将减少简单粗暴甚至错误的政府行为,与此同时允许发展过程中合法的补偿主张,这将会极大地增强今日美国的企业家氛围。

4. 保持基础设施改善的进取性日程

美国的基础设施是国家主要竞争资本的一部分,我们应当不断改善和更新基础设施。总统的能源计划和政府促进宽带部署(包括支持《互联网免税法》的永久性延长)的努力,以及规划再批准高速公路的计划,这些

---

① 六点计划是布什总统于2003年9月4日公布的一项旨在促进经济增长和工作岗位创造的计划,具体为:(1)使普通美国人支付得起并可预期的医疗保健费;(2)减少诉讼对于美国经济的负担;(3)确保普通美国人支付得起的、可依赖的能源供应;(4)简化规章和报告的要求;(5)对美国产品开放新的市场,使美国个人在获得机会时能与世界上的任何人进行竞争;(6)使家庭和产业界充满信心地为未来制定计划。——编者注。

计划是持续复兴国家基础设施的重要方面。

评估外国的计划并为未来制定政策

除了通过政策来增加国家的竞争资本之外,美国还应识别那些明确瞄准我国经济领导地位的(通常是不公平的)政府外国的计划,并为未来制定合宜的回应性政策。

1. 借鉴外国的税收竞争,优化联邦税收制度

扩大研发的永久性课税免除。给我们现有的联邦企业税收制度一个稳定的研发课税免除政策是至关重要的。我们意识到永久性的研发免税已是总统的一项长期政策,并且建议总统继续要求国会采用这一政策。与此同时,国会应该致力于解决一些问题,如不适当地限制课税免税的适用性或引发不必要的混乱等问题。研发课税免除是我们国家研发计划中的重要成分,但是它的运作可能会存在不均衡和不公平。

指派工作小组对其他税收问题进行评估。考虑到工商业界管理全球企业能力的稳步增长,以及外国教育(和基础设施)能力的提高,具有竞争力的税收政策在选址决策中(不论对公司还是个人而言)愈益凸现其重要意义。[①]在这一点上,公司选址决策不仅涉及制造工厂,而且也涉及研发中心和设计(以及服务)工作,它们在提供零公司税(Zero Corporate Tax)激励计划的国家之间进行选址权衡。这类激励措施为外国资源提供了重要的税收优势,换言之,这使得留在美国国内的企业在税收上处于不利地位。同样的,就个人而言,其他国家主要通过认股权给予个人资产,有效地转化为零税收。对企业人员而言,这对个人选择到哪里工作将会是一个非常重要的因素和倾斜点。

在总统科技顾问委员会分委员会的各次讨论中多次提到另一个税收

———————————

① 在 2003 年 12 月 2 日的总统科学和技术顾问委员会(PCAST)的分委员会会议上,几个成员对此问题做出了解释:(1)当前在高产的半导体制造业中,劳动力资本成本仅占 10—15%,这意味着税收要比劳动力更值得我们去考虑;(2)昂贵的工厂设备导致各公司联合办厂,如此大家可以共同使用一种设备;(3)一旦企业移向海外,所要支付的税款将被用于外国的发展,而非美国的发展。

问题,即中国政府的增值税(Value Added Tax, VAT)政策的影响。目前,中国对半导体生产者实施 17％的增值税,但又实施了一项政策,旨在向国内生产者返回多达 14％的增值税。

根据这些问题,总统科技顾问委员会建议总统在财政部、商务部以及其他相关部门中组建一个工作小组(Task Force),以明确正面临的税收竞争并探讨如何优化我们自己的联邦税收政策以对未来做出适当的回应。该工作小组的任务应该是向总统提出一份报告,明确外国主要竞争者的税收计划,并提出大胆的可选择性回应措施。工作小组应该在一个限定的、相对迅速的时间框架内(如 6 至 8 个月)提交这份报告。

2. 积极地推行自由贸易

总统已经以一种进取的方式推行公平的贸易政策,总统科技顾问委员会支持总统在此方面的努力。最近,财政部部长和商务部部长亲自访问了中国,政府部门为美国公司获得公平待遇而做出的努力表示赞赏。由于政府部门一如既往地开展这一领域活动,总统科技顾问委员会意欲高调提出一项特别的建议:

畅通的世界贸易组织(WTO)程序。 总统科技顾问委员会建议联邦政府和美国贸易代表办公室(USTR)应与世贸组织(WTO)共同协商,实施一项畅通的争端解决程序来处理知识产权(Intellectual Property)侵权和市场壁垒等问题。技术产品在正常的商业过程中经历着迅速的退化,因此,及时的解决方案成为有效缓解的强制性要求。

3. 就企业选址激励措施与州政府更好地协调

总统科技顾问委员会建议总统对外国企业选址的激励计划进行一次核查,包括针对联邦政府和州政府在这些领域(哪里最为合适)如何才能改善它们之间的协调提出建议。这一核查可以以国家科学和技术委员会(NSTC)对联邦和州研发协调问题的核查报告的一部分而出现,如果以独立的政府报告形式出现的话则更为合适。无论如何,如果成立了一个独立的工作小组,那么这一工作现在就应在同样的时间框架内提交报告。

第三章[①]

维护国家的创新生态系统

——保持我国科学和工程能力之实力的报告

一、导　言

我们国家的光明未来植根于现在和过去,源自于我们独特的、创造性的智慧与我们独一无二的自由企业制度的完美结合。在整个 20 世纪,从这里诞生的、成为我们经济繁荣推动力的所有行业,均得益于一个经过精心编织的国家**创新生态系统**(innovative ecosystem)。这一生态系统的本质是追求卓越,并由以下一系列要素构成:发明家,技术专家,企业家;一支积极性高涨的劳动力队伍;世界级的研究性大学;高生产力的研发中心(包括产业的和联邦资助的);灵活的风险资本产业;在极具潜力的领域由政府投资的基础研究项目。

那些拥有先进科学(特别是物理科学、生物科学和生物医药科学)和工程能力的人,特别是那些拥有博士学位的专家,在很大程度上成为产生发展中的人力资源。为了发挥这些专业人员的技能,那些在科学、技术、工程和数学(以下简称STEM)多个领域拥有广泛知识的人们往往在推动产业发展和美国经济的增长中扮演了重要的角色。创新与企业家精神将

① The President's Council of Advisors on Science and Technology (2004), *Sustaining the Nation's Innovation Ecoryetem: Roport on Maintaining the Strength of Our Science & Engineering Capabilities*, http://www.ostp.gov/PCAST/FINALDCASTSECAPABILITIESPACKAGE.pdf

使美国继续保持在全球经济中的领导地位,但是在一定程度上,这还取决于我们必须维护驱动我们创新的生态系统的核心能力,特别是作为创新生态系统之核心的科学和工程的能力。

我们的创新生态系统是世界上最好的。然而,由于全球范围内技术人才库的显著变化,以及地区性(美国、欧洲和亚洲)的全球研究和开发成果的共享,这一系统正面临着挑战。美国的学生在数学和科学技能上表现较差,并落后于世界上绝大多数其他国家的学生在相关领域的表现。在最顶尖的学生选择从事 STEM 行业上,美国学生的选择也明显地低于国际水平。而其他国家 STEM 专业的毕业生人数显著增长,并被吸引到很多跨国公司中的许多重要岗位上。这对吸引研发方面的大量投资产生着重要的影响,特别是对高技术行业的投资来说更是如此。这种全球人才重心的转移(科技人才重心由美国转向亚洲国家)是与研究和开发基础设施之间的变化息息相关的。如果我们不想看到美国失去在全球经济中的领导地位,我们就必须要大力维护我们的创新生态系统。

这份报告包括了总统科技顾问委员会(PCAST)向美国总统提出的采取重要行动的建议,这些行动将有助于维护美国的创新生态系统。我们向总统先生提出的建议是从反问自己"究竟美国是面临着 STEM 领域劳动力短缺还是富余"这一问题着手开展这项研究的。这个问题和工作机会增长规划有关。但是我们很快发现,这种狭隘的关注将错失问题的关键,即处于危机当中的是整个美国创新生态系统。美国所拥有的 STEM 人才在全球市场份额的减少,会对未来的发展产生显著的影响。对这个问题的关注决定了总统科技顾问委员会接下来的工作,同时也是为什么我们将问题的分析、结论和建议的关键集中于优先考虑保持美国的科学和工程能力的原因。

二、我们的创新生态系统

在 20 世纪,美国毫无疑问一直是全球创新与企业管理方面的领导者,所有行业——汽车、钢铁、化学物品和材料、医药品、计算机和信息技术、新出现的生物技术和互联网技术等——都出自于美国人的智慧，并且成为令人难以置信的促进繁荣的动力。这些行业以及其他许多在同一时代出现的行业，均依赖于一个经过编织的创新生态系统，这一系统由以下几个部分所组成：

- 科学和技术人才——发明家、创新改革家、企业家、熟练的劳动力；
- 世界上确实堪称最好的研究性大学；
- 富有成效的研发中心（一些是以企业为基础的，另一些由独立的非营利性机构投资，还有一些是政府资助的）；
- 风险资本产业可以帮助具有市场开发思想的企业家和创新者；
- 使得小企业能够取得成功，大企业能够保持持续繁荣的经济、政治和社会环境；
- 在具有较高探索潜力的领域由政府资助的基础研究。

这一由上述几个部分组成的创新生态体系，以一种复杂的、协同性的方式发挥效用，确保了我们在全球经济中的领先地位，也提高了我国民众所享有的生活水平。

这一创新生态系统的核心推动力之一是国家的 STEM 能力，我们的经济发展依赖于一支具有较强适应性、高度积极性和灵活性的劳动力大军。他们在我们的中小学接受基础教育，在学院和大学的 STEM 相关院系接受高等专业教育，为从事那些高度技术性和生产性的工作职位做好准备。我们寄希望于那些大学、企业和政府部门中具有科学和工程博士学位的杰出人才为我们带来了不起的变化和行业发展的新理念。不仅如此，我们还看到 STEM 能力已经渗透到每个美国人的工作和生活中。只要我们看看《财富》100 强公司的首席执行官当中有 55% 的人拥有 STEM 领域的受教育背景，就可以理解我们今天所取得的成就在很大的程度上取决于我们的技术人才和培训。哈纳斯科和基姆克（Hanushek & Kimko，2000）的研究也为长期的经济良性运转与 STEM 教育间的相关性提供了证据。通过对 40 多年的数据进行分析，他们向人们展示了 K -

12 年级数学和科学测试的成绩与国家的国内生产总值(GDP)增长率之间的相关性是显著的。

在我们建立创新生态系统的同时,与之密切联系的全球环境也在发生着迅速的变化。我们正处于明显的结构性和循环性转型时期,这种世界范围内的转变有着历史性的相似,只是转变所需的时间大为缩短,速度更快。全球化、获取资本的机会、变化着的对自然资源的依赖程度、动态的全球劳动力市场、不断变化的社会与政治环境,均对产业的发展带来了深刻的影响,为我们的经济在全球市场中的发展既提供了机遇,也带来了挑战。如果我们忽视了创新生态系统的任何一个环节,或者不能根据当前的形势及时调整,我们将会面临全面危机。

这种全球性的变化为我们带来了挑战,同时也创造了新的机遇,并能使那些发现机遇的人创造新的市场和新的行业。我们必须时刻考虑如何保持和优化我们的创新生态系统。例如,现有的风险资本是否能够满足我们事业的发展?我们的研发部门是否正致力于抓住那些最有把握的机会?我们的联邦政府是否正在广泛开展那些基础性研究以确保我们未来在所有领域的发展,并为我们带来突破性的新发现?我们的税收鼓励政策是否能够发挥效用?我们的劳动力市场是否能够满足现在的和将来的经济发展需要?以及我们是否能够培养出最顶尖的人才,为我们带来新的发现和领导未来成功所需要的创新?

在维持这一复杂系统的卓越性上没有任何"魔法"可寻。但是我们能够恰当地整合多层面上适当的短期与长期策略来保证我们制度的生命力,并使之不断发展。领先地位的获得不是依靠我们的权力,而是依靠我们的勤劳与抉择。如果我们能够不断地选择卓越,我们的创新生态系统就能够始终保持是世界上最好的。

三、吹　响　号　角

美国继续拥有着世界上最强的风险资本和最好的自由企业制度,我们的创新生态系统也为我们在竞争优势上提供了宝贵的财富。然而,我们正面临日益增长的全球化经济所带来的复杂变化,为这一系统的发展增加了巨大的压力。其中可能带来最大的麻烦之一就是我们的科学和工程能力的下滑,以及对提高 21 世纪美国劳动者的素质的兴趣的降低。美国国家安全/21 世纪委员会(U. S. Commission on National Security/21st Century)在 2001 年 2 月所陈述的内容(Hart & Rudman, 2001)中,表达了对于国家创新生态系统的深切担忧:

我们美国人正生活在过去三代对教育和科学的投资所带来的好处之上,但如今我们正在蚕食这一资本。在别的国家正在加倍努力进行基础科学和教育的发展时,我们却在基础科学和教育的体制上处于一种深刻的危机中。在未来的 25 年中,如果我们仍不能有意识地加强全国性的关注以保持我们的领先地位的话,我们将很有可能看到我们被超越,并处于相对的倒退之中。(Executive Summary, p. ix)

美国学生在科学和数学上显示出的低下能力令人担忧。全国教育进步评估(NAEP)常常用一种被称之为"全国成绩报告卡"的卡片来记录学生在数学和科学上的成绩表现,表现分为四种等级:高级、掌握(成绩表现达到规定的年级程度)、部分掌握(在某些方面表现达标,但某些方面还不够)、部分掌握以下。我们很想看到,我们也相信我们的教育系统能够做到:绝大部分美国学生在科学和数学的学习上能够达到或者超过他们的年级程度。但是很遗憾的是,在 2000 年的评估中,在 4 年级、8 年级和12 年级中,只有不超过 1/3 的美国学生能够达到或超过所规定达到的程度(表 3-1),只有 12% 的美国学生在数学的表现上达到掌握或高级水平,在科学上的表现稍高一点,占到 16%。相反,在部分掌握的水平之下,这一比例分别为 47% 和 35%。

美国学生在科学和数学上的表现也低于其他国家相应学生的水平,表 3-2 显示了在国际数学和科学研究(TIMSS)①所评估的 41 个国家的

①"国际数学和科学研究"系国际教育成就评价协会(International Association for the（转下页）

表 3-1：美国学生 2000 年数学和科学学科表现

NAEP 美国学生 2000 年数学与科学学科表现表					
	4 年级		8 年级		12 年级	
	科学	数学	科学	数学	科学	数学
高级	4%	3%	4%	5%	2%	2%
掌握*	26%	23%	28%	22%	16%	14%
部分掌握	37%	43%	29%	38%	34%	48%
部分掌握以下	34%	31%	39%	34%	47%	35%
*掌握＝成绩表现达到规定的年级程度						

资料来源：Committee for Economic Development(2003). Learning for the Future.

表 3-2：美国学生在数学和科学学科上的表现与其他国家的比较

各国儿童在数学和科学学科表现				
美国学生的得分和排名与其他国家的比较				
	数学		科学	
	美国得分	美国排名	美国得分	美国排名
	平均得分	总数	平均得分	总数
4 年级	545/529	12/26	565/524	3/26
8 年级	500/513	28/41	534/516	17/41
12 年级	461/500	19/21	480/500	16/21
12 年级高级数学和物理	442/501	15/16	423/501	16/16

资料来源：National Center for Education Statistics(1999). Highlight from TIMSS.

(接上页)Evaluation of Educational Achievement,以下简称 IEA)主持的一项研究。因 1995 年开展研究时将其命名为 The Third International Mathematics and Science Study,按英文首字母缩写为 TIMSS。研究集中于三个年级段：小学中段(3、4 年级)、初中中段(7、8 年级)和中学最后一个年级(美国为 12 年级),共有 41 个国家或地区的 50 多万学生参与其中。这一研究在实施之初即被誉为国际上规模最大、最为严密、最具综合性的国际比较教育研究。1999 年,IEA 又主持了 TIMSS-R (The Third of International Mathematics and Science Study-Repeat),共有 38 个国家和地区参与,研究对象为 8 年级学生。2003 年,TIMSS 更名为"国际数学和科学趋势研究"(The Trend of International Mathematics and Science Study)仍简称为 TIMSS,测试 4 年级和 8 年级学生数学和科学学科成就的发展趋势,参与国家和地区共 46 个。——编者注。

4、8、12 年级学生在科学和数学上的比较中，美国学生自 1995 年以来的表现。表 3 - 2 显示：美国学生在 4 年级阶段的数学和科学表现好于国际平均水平，但是到了 8 年级阶段时表现倒退，到了 12 年级阶段时倒退得更多。在 12 年级的比较中，美国学生的表现接近于最低水平。在一份 1999 年 TIMSS 的重复研究中显示（NCES，2000）：在 8 年级的程度上，"1995 年—1999 年期间，美国学生在数学或科学上的表现没有任何起色"。(p. 4)尽管在这一过程之前，美国已经为吸取教训和改善此状况做出了种种努力，但从评估结果来看，效果并不明显。

对学生期望的偏差和课程质量的低劣使得学生学业成绩表现差而引发的问题更加严重。不到一半的 4 年级教师教授 4 年级水平的内容。美国科学促进协会（the American Association for the Advancement of Science)评定仅有不到 10％的中学数学课本可以易于接受，而几乎没有适合的科学课本（Committee for Economic Development，2003)。很显然，美国 K - 12 年级的数学和科学教育存在着严峻的问题。（详细分析请参见本章**附录 A：K - 12 年级在数学和科学方面的教育准备**）

毫无疑问，美国学生在数学和科学上的不良成绩，与完全合格的 K - 12 年级数学和科学教师数量不足有关。美国 21 世纪数学与科学教育委员会（The National Commission on Mathematics and Science Teaching for the 21st Century)(Glenn，2000)的研究发现：在高中阶段，有 56％的学生所接受的物理科学教育和 27％的学生所接受的数学教育是由非相关专业领域的教师任教的；这一现象在较低年级中甚至更加严重，科学教育和数学教育由非专业教师教授的比例分别为 93％和 70％（Committee for Economic Development，2003)。只有如此少的合格教师，我们的 K - 12 年级教育体制似乎在阻碍学生——或者至少不鼓励学生学好那些可以通向 STEM 职业领域的相关功课。

聘请和留住合格的教师是一项艰巨的任务。选择教师行业作为职业的机会成本以及新教师的跳槽率非常高。在头三年和头五年中跳槽的教师比例分别为 33％和 46％（Committee for Economic Development，2003)。这么巨大的人才流失率使得不断地招募新教师成为中小学一项沉重的负担。

这些问题并不是新出现的,并且已经引起了广泛的共识。20 年前,国家教育优异委员会 (The National Commission on Excellence in Education)在《国家在危急中》的报告中(Bell, 1983)已经深刻认识到我们的中小学教育制度存在着危机。然而,一份 2003 年的研究(Koret Task Force, 2003)显示,20 年过去了,我们的教育制度并没有得到任何实质上的改善。我们不能够再用 20 年的时间继续沿用这一不完善的制度,让未来的研究者虽进行艰苦的探索但一无所获。(参见本章**附录 B:K‐12 年级数学与科学的教师培养**)

另一重要的问题就是大学及以上程度的学生选择 STEM 领域的职业的兴趣在下滑(见表 3‐3)。尽管 K‐12 年级存在有种种不足,但是选择入读大学科学或工程学专业的学生数目依然众多。如果这些学生能够坚持他们的选择的话,这些数目已经足够,然而,由于其他方面因素的存在,使得这些数目锐减。

表 3‐3:学生在攻读学位的过程中逐渐对数学和科学丧失兴趣

科学博士的后备力量		
占所有美国 9 年级学生总数的百分比		
	男性	女性
9 年级程度选择科学科	14%	11%
大学一年级,计划攻读科学专业	7%	2%
拿到科学学士学位	2%	1%

资料来源: J. S. Long ED. (2001). From Scarcity to Visibility: Gender Differences in the Careers of Doctoral Scientists and Engineers. National Research Council.

不仅对于 STEM 领域职业的整体兴趣下滑,美国也未能成功吸引不同人群参与到 STEM 职业中来。在美国,女性、未被充分代表的少数族裔以及各类残障人口总数占到了美国劳动力人口总数的 2/3 以上,但却仅仅拥有 1/4 的科学、工程、技术类的工作职位。由于我们在文化和体制上存在一些阻碍女性和少数族裔的学生选择或坚持在科学和数学学科领域学习的因素,使得我们很难吸引或将适当数量的学生留在 STEM 学科领域,从而解决这种不均衡问题。

学生在 STEM 学科领域的兴趣降低的一个重要因素,是取得这些职业所需的高级学位的绝对年限太长。这一年限在近数十年中显著延长。这种使学生在成为一个独立研究者之前的时限的延长,降低了学生对终身收入的期望,并且增加了不确定性。这是因为面向高学位的就业市场历史上一向是反复无常的。

绝大多数 STEM 学科领域要求在博士阶段后再进行培训,使得以上这些问题更加严重。对于那些追求学术职位的人来说,在获得终身职位前额外的、充满压力的几年,使他们面临着家庭和职业之间的平衡问题,从而更加降低了这些职业的吸引力。

美国学生就是否从事科学与技术类职业的时候,通常会与获取一个医学博士或者法律学位作比较。在做出这些选择时,其所需的培训年限并没有增长,而与之相应的是其所获得的收入比科学技术类的职业更具有吸引力。美国的绝大多数大学不重视科学、技术、工程和数学领域中通向哲学博士和学术研究的职业方向。

表 3 - 4: 博士学位延长了就学年限

"生物医药生命科学"专业从学士到博士所需的时间	
	年限
1971	6.0
1976	6.3
1981	6.6
1986	7.2
1991	7.7
1996	7.8

资料来源: Butz, Bloom, Gross, Kelly, Kofner, & Rippin (2003).

　　就在美国的学生对 STEM 领域职业的兴趣下滑的同时,其他国家或地区的 STEM 学科领域的毕业生人数却在显著增长,从而第一次使他们能够吸纳数目巨大的以技术为基础的工作职位。中国、韩国、日本以及中国台湾地区在培养工程师方面的发展非常令人吃惊。表 3 - 5 显示: 2001 年的 24 岁公民中,中国拥有工程类学位的人数是美国的 3 倍多,在他们的理学和文学学士的学位拥有者中有 39% 的人拥有工程类学位,而在美国,这一比例仅为 5%。

表 3 - 5:所选国家或地区拥有工程类学位人数的比较

所选国家或地区中 2001 年 24 岁公民拥有工程类学位的情况表			
	拥有学位总数	拥有工程类学位人数	工程类所占百分比
美国	1 253.1	59.5	5%
中国	567.8	219.5	39%
韩国	209.7	56.5	27%
中国台湾	117.4	26.6	23%
日本	542.3	104.6	19%

资料来源:National Science Foundation (2002). Science and Engineering Indicators.

　　世界范围内的科学和工程类的博士学位拥有者增长显著。如果能够从国外吸引那些最杰出、最聪慧的学生到美国进行研究生阶段的学习并且使他们留在美国工作,将有利于提升美国在高技术行业的表现。但是,越来越大比例的科学、技术、工程和数学高级学位是从美国以外的大学获得的(见表 3 - 6)。即使是那些从美国获得高级学位的人也发现他们完成学业后留在美国的难度越来越大。自从灾难性的"9·11"事件发生以后,安全问题使得一些外国学生在美国大学重新注册的申请被拒绝,并且使得签证申请和安全检查成为一种越来越难且漫长的过程。在过去,美国曾经能够吸引到世界上最好的科学、工程学和技术类的科学家,并且依靠这些非美国本土出生的优秀人才流入到美国 STEM 领域的行业,从而保证国家创新生态系统的生机与活力。当前的资料显示,如今在 STEM

领域的最顶尖技术中，亚洲的科学家们在全球已经成为支配因素。

表 3 - 6：美国和亚洲拥有自然科学和工程类博士的数据比较

自然科学 a 和工程类博士数目表			
年份	美国本土公民	美国非本土公民	亚洲大学总计
1987	8 238	4 324	6 828
1989	8 944	5 073	8 117
1991	9 741	7 165	8 678
1993	10 033	7 912	9 847
1995	10 527	8 662	12 303
1997	10 996	8 109	15 632
1999	10 586	7 284	18 000 b
2001	10 206	7 617	20 000 b

资料来源：National Science Foundation (2004). Science and Engineering Indicators.
a："自然科学"包括物理、生物、地球系统、数学和计算机以及医药科学。
b：为估算值，缺少 1999 年、2001 年印度，以及 2001 年韩国的相关数据。

亚洲国家在吸引研发投资和加入高技术产业中的攻势越来越猛烈。越来越多的公司被当地的技术劳动力市场的低工资水平所吸引。举例来讲，从 1994 年到 2000 年，美国公司在中国的研发方面投入的金额从 700 万美元增长到了 5.06 亿美元（Moris，2004），亚洲国家还成为美国专利的重要持有者。亚洲公司（不包括日本）持有美国专利的份额从 1988 年的 1.7％增长到了 2001 年的 12.3％，这一发展趋势的危险性不仅在于使得美国损失了潜在的工作职位，而且可能导致核心学科的专业化发展向海外迁移，使得这些领域进一步的创新不是发生在美国，而是发生在其他国家。（详细分析参见本章**附录 C：科学、技术、工程和数学劳动力培养及本科生和研究生教育**）

总统科技顾问委员会已经总结出 STEM 劳动力供应链上各方面所面临的挑战。这些挑战将使得整个国家的创新生态系统处于一种危机当中。很难用笔墨来形容它有多么的重要。我们在国际竞争中的优势本是源于探索和创新的,尽管这种探索的结果是未知的和不可预测的,但是这一探索的过程却需要精心准备的。请参照大师们告诉我们的道理:美国生物学家、诺贝尔奖获得者阿尔伯特·圣捷尔吉(Albert von Szent-Gyorgyi)在重新诠释路易斯·巴斯德(Louis Pasteur)名言时说:"伟大的发现只垂青于那些有准备的头脑"。然而,作为一个国家,我们却未能在我们走向未来所依赖的创新生态系统上做好思想准备。

号角的呼唤如此清晰:我们必须保护和加强我们国家的创新生态系统,它曾为我们带来了全球经济的领导地位。如果我们不能维护在科学和工程领域的领导地位,不能从我们的整个教育系统中持续地培养出强大的 STEM 领域的人才力量,我们的创新生态系统将从根本上受到动摇。

四、主 要 建 议

我们所罗列出的种种挑战反映出我们必须从多个层面整合短期和长期的策略,并构建出一个复杂的体系来解决这些问题。总统科技顾问委员会把提出最关键的建议作为第一步。我们相信,如果我们期望在未来能够取得显著成果的话,这些建议必须得到落实。

改善 K - 12 年级教育体制(详见附录 A:K - 12 年级在数学和科学方面的教育准备)

- 评估是必须的。2001 年《不让一个儿童落后法》呼吁必须保证学生的学习成绩,建立教师标准,以保证所有课堂里的教师必须在他们所教的科目中拥有专业知识和工作经验。各地行政部门必须切实使法案中的标准和要求落到实处。
- 学校里需要进行更多的数学和科学教育。国家教育优异委员会要求在高中阶段之前,必须对所有的学生进行至少三年的数学教育和两年的科学教育。我们呼吁政府部门承担起这份责任。

改善教师的培养工作(详见附录 B: K‑12 年级数学和科学方面的教师培养)

- 教育体系中选择性的机制为我们的教育保持较高的水准创造了灵活的、竞争的氛围。采用新的教师资格证书计划将是提升高素质教师的重要途径。教育券和特许学校建立起竞争的程序以提升社区学校的整体教育质量。我们呼吁政府部门大力倡导并开展这些项目。

- K‑12 年级的教师职位必须增强对人才的吸引力。为了鼓励更多的人才从事教学工作,K‑12 年级教育必须改善管理制度,建立起更好的绩效奖励机制,鼓励教学,建立起富有竞争性的并与教学表现相结合的工资结构。那些教学表现较差的教师必须点出来并责令其改进,或者他们必须承担失败的真实后果并加以改善。学校要努力精简机构并减少浪费,将节省下来的开支用于奖励优秀教师及其所从事的教学。政府部门必须大力倡导这些体制上的变革。

改善 STEM 领域中本科生和研究生的培养并留住他们(详见附录 C:科学、技术、工程和数学劳动力培养以及本科生和研究生教育)

- 政府机构和大学必须联合起来集中力量以增加从事 STEM 类职业的学生人数及择业率。太多的学生在刚进入大学时对 STEM 学科专业持有兴趣,但却在学习过程中转换了专业。政府部门必须评估并大力推广那些最好的招生和留住学生的办法,其重点应该放在全美所有不同人群的需求和兴趣的多样化上,并增强他们对于 STEM 领域的专业学习动机。

- 专业科学硕士学位(Professional Science Masters Degree)为那些对 STEM 领域感兴趣,却无心延长学习时间以获取博士学位的学生们提供了一种替代性的选择。这一理念是 1997 年在斯隆基金会和竞争力委员会的帮助下兴起。如今,在全美有45所大学可以授予这种学位。政府部门应该大力倡导这类项目。

- 获取一个STEM领域的博士学位所需的平均年限太长,应当缩短。在过去的几十年中,从学士学位到获得博士学位所需的平均时间显著增长,到现在已经超过7年。即使是那些最杰出、最聪慧的学生也开始不愿意进行这些投资。大学应该认真考虑这个问题,并开发出一种可替代性的操作模式。政府部门必须努力帮助减少获取高级学位所需的时间。

- 我们必须吸引更多的美国学生进入科学和工程学领域的研究生阶段的学习,并且设法留住那些在美国大学接受教育的非美国居民的人才。我们呼吁政府发起一项重大的奖学金行动,以吸引和支持美国民众,包括女性和未被充分代表的少数族裔人士,去获得STEM领域的高级学位。我们还呼吁政府设法留住那些在美国大学获得科学、技术、工程和数学博士学位的非美国居民的人才。那些出生在外国的科学家和工程师们曾经在美国的创新体系中扮演了重要的角色,设法留住更多的外国人才有利于抵消这些领域内因美国人的减少而带来的不利影响。

总统科技顾问委员会相信,这些建议的实施,可以显著推进我们的创新生态系统的建设,并能保持我们国家的产业的和经济的实力。

五、结 论

总统科技顾问委员会的成员们分析、论证了国家创新生态系统的要素,这一系统为我们带来了过去一个世纪中美国人所自豪的全球经济的领导地位。我们还听到了一个响亮的号角——除非我们立刻采取行动,培养出最顶尖的技术人才和熟练的科技劳动力大军以维持我们在全球范围内的优势,否则我们将会面临失去竞争力的风险。在此基础上,我们建议采取几项最紧迫的行动,以回应这一挑战。

我们呼吁总统先生将这个问题作为明显需要优先考虑的事项,在一些主要政策的演讲以及下一次的国情咨文中集中加以讨论。这一问题极其重要,并且绝不能失败。我们拥有什么样的未来完全取决于我们创造性的思维能在多大程度上和我们的自由企业制度相结合。科学和技术是其中的重点,而在这些领域,我们正在丧失历史上的统治地位。我们的政府部分应该在其职权范围内,采取所有可能的一切办法来扭转这一趋势。

与此同时,这也是全体美国人共同关注的问题。许多因素并不在联邦政府的直接控制范围之内。作为总统的顾问团、产业界和学术界的领导部门,甚至作为关注这一问题的普通市民要关心我们国家未来的繁荣,我们将自己对这一问题的认识告之于众。我们将把我们的努力扩大至每一个同事、社区和家庭。我们的目标非常清晰,那就是保护国家的创新生态系统。这需要我们所有人全力以赴。

参考文献

Bell, T. H. (Chair). (1983). A Nation at Risk. *National Commission on Excellence in Education*. Available for download at: http://www.ed.gov/pubs/NatAtRisk/index.html.

Butz, W. P., Bloom, G. A., Gross, M. E., Kelly, T. K., Kofner, A., & Rippen, H. E. (2003). Is there a shortage of scientists and engineers? How would we know? *RAND Corporation*. Available for download at: http://www.rand.org/publications/IP/IP241/.

BEST (2004). A bridge for all: higher education design principles to broaden participation in science, technology, engineering and mathematics. *Building Engineering and Science Talent* (*BEST*). Available for download at: http://www.bestworkforce.org/PDFdocs/BEST_High_Ed_Rep_48pg_02_25.pdf.

CAWMSET (2000). Land of plenty: diversity as America's competitive edge in science, engineering and technology. Report of the

Congressional Commission on the Advancement of Women and Minorities in Science, Engineering and Technology Development. Available for download at: http://www. nsf. gov/od/cawmset/report/cawmset_report. pdf.

CEOSE (2003). 2002 biennial report to Congress. *Committee on Equal Opportunities in Science and Engineering.* Available for download at: http://www. nsf. gov/pubs/2003/ceose/ceose. pdf.

Committee for Economic Development (2003). Learning for the future: changing the culture of math & science education to ensure a competitive workforce: A statement on national policy. *Research and Policy Committee.* New York: Committee for Economic Development. Available for download at: http://www. ced. org/docs/report/report_scientists. pdf.

Engardio, P. , Bernstein, A. & Kripalani, M. (2003, February 3). The new global job shift. *Business Week*, 50.

Epstein, M. (2003). Security detail. *Education Next — A Journal of Opinion and Research*, 3(3), 28 – 33. Available for download at: http://www. educationnext. org/20033/28. html.

Glenn, J. (Chair). (2000). Before it's too late: a report to the Nation from the *National Commission on Mathematics and Science Teaching for the 21st Century.* Available for download at: http://www. ed. gov/inits/Math/glenn/toc. html.

Global Insight (2003). World Industry Service Database. *Global Insight, Inc.* Company Website at: http://www. globalinsight. com/.

Hanushek, E. A. (1992). The trade-off between child quantity and quality. *Journal of Political Economy*, 100(1), 84 – 117.

Hanushek, E. A. , & Kimko, D. D. (2000). Schooling, labor force quality, and the growth of nations. *American Economic Review*,

$90(5)$,1184 - 1208.

Hart, G. & Rudman, W. B. (Co-Chairs). (2001). Road map for national security: imperative for change. The Phase Ⅲ report of the *U. S. Commission on National Security/21st Century.* Available for download at: http://www. nssg. gov/PhaseIIIFR. pdf.

Koret Task Force (2003). Our schools and our future: are we still at risk? *Education Next — A Journal of Opinion and Research,* 3(2), 9 - 15. Available for download at: http://www. educationnext. org/20032/10. html.

Long, J. S. (Ed.). (2001). From scarcity to visibility: gender differences in the careers of doctoral scientists and engineers. Washington, DC: National Research Council. Available for download at: http://books. nap. edu/catalog/5363. html.

Moris, F. (2004). U. S. -China R&D linkages: direct investment and industrial alliances in the 1990s. *National Science Foundation Science Resources Statistics Infobrief, NSF 04 -306.* Available for download at http://www. nsf. gov/sbe/srs/infbrief/nsf04306/ start. htm.

NCES (2002a). Digest of Education Statistics-2002. *National Center for Education Statistics, U. S. Department of Education.* NCES 2003 - 060. Available for download at: http://nces. ed. gov/ programs/digest/d02/.

NCES (2002b). Academic background of college graduates who enter and leave teaching. *The Condition of Education.* NCES website. Available for download at: http://nces. ed. gov/programs/coe/ 2002/section4/indicator31. asp.

NCES (2000). Highlights from the third international mathematics and science study repeat (TIMSS-R). *National Center for Education Statistics, U. S. Department of Education.* NCES 2001 - 027.

Available for download at: http://nces. ed. gov/pubs2001/
2001027. pdf.

NCES（1999）. Highlights from TIMSS: overview and key findings
across grade levels. *National Center for Education Statistics*,
U. S. Department of Education. NCES 1999 - 081. Available for
download at: http://nces. ed. gov/pubs99/1999081. pdf.

NSF（2004）. Science and engineering indicators-2004. *National Science
Foundation*, *Division of Science Resources Statistics*. NSB 04 - 07.
Arlington, VA: NSB. Available for download at: http://www.
nsf. gov/sbe/srs/seind04/start. htm.

NSF（2003）. Women, minorities, and persons with disabilities in
science and engineering-2002. *National Science Foundation*,
Division of Science Resources Statistics. NSB 03 - 312. Arlington,
VA: NSB. Available for download at: http://www. nsf. gov/sbe/
srs/nsf03312/toc. htm.

NSF（2002a）. Science and engineering indicators-2002. *National
Science Foundation*, *Division of Science Resources Statistics*. NSB
02 - 01. Arlington, VA: NSB. Available for download at: http://
www. nsf. gov/sbe/srs/seind02/start. htm.

NSF（2002b）. Science and engineering doctorate awards-2001. *National
Science Foundation*, *Division of Science Resources Statistics*. NSB
03 - 300. Arlington, VA: NSB. Available for download at: http://
www. nsf. gov/sbe/srs/nsf03300/start. htm.

OECD（2003）. Education at a glance-2003. *Education Statistics and
Indicators*, *Organization for Economic Cooperation and
Development*. Website. Available for retrieval at: http://www.
oecd. org/document/52/0,2340, en_2649_34515_13634484_1_1_1_
1,00. html.

PCAST（2002）. Assessing the U. S. R&D investment. President's

Council of Advisors on Science and Technology （PCAST）. Available for download at：http：//www. ostp. gov/pcast/FINAL% 20R&D%20REPORT%20WITH%20LETTERS. pdf.

Porter, M. E. & van Opstal, D. (2001). U. S. competitiveness 2001： Strengths, vulnerabilities and long-term priorities. *Council on Competitiveness*. Available for download at：http：//www. compete. org/pdf/Highlights. pdf.

Seymour, E. & Hewitt, N. (1997). *Talking About Leaving：Why Undergraduates Leave the Sciences*. Boulder, CO：Westview Press.

Thottam, J. (2003). Where the good jobs are going. *Time Magazine*, 4：(36).

Teitelbaum, M. S. （2003）. The U. S. science and engineering workforce：an unconventional portrait. *Prepared for GUIRR Summit*. New York：Alfred P. Sloan Foundation. Available for download at：http：//www. phds. org/reading/guirr2002/ teitelbaum. php.

附录 A：
K - 12 年级在数学和科学方面的教育准备

当其他国家通过增强在 STEM 方面的能力而在全球变得更具竞争力的时候，美国的学生依旧表现平平，并且在数学和科学能力上落后于世界上绝大多数国家。总统科技顾问委员会（PCAST）认为美国学生的学业表现不仅与我们自己的全国性标准相悖，而且也与国际比较测试的结果相悖，以下是总统科技顾问委员会的重要发现：

发现：在与其他国家的比较中，美国 K - 12 年级的数学和科学成绩表现非常差，这使我们的创新生态系统长期处于危机之中。解决这一危机的核心问题是：我们需要强有力的数学和科学课程。

当我们提及美国学生在国际比较中的学业不良时，一些专业的教育工作者们往往却在争辩这些国际测试是否具备精确性。为了解释令人失望的测试结果，教育工作者们有时宣称一些国家剔除了在较低年级表现较差的学生，所以认为我们高年级的学生一直是在和其他国家不同级别的学生进行比较。然而，当我们看看在美国本土所进行的评估，依据我们的全国性标准，我们的学生在科学和数学中达到掌握程度的比例上的结果是严峻的。

在美国，最广为人知的学生评价机制很可能就是美国全国教育进步评估（NAEP）了，它常被称作"全国成绩报告卡（Nation's Report Card）"。全国教育进步评估以四个类别来定期报告学生在科学和数学上的成就，这四个等级是：高级、掌握、部分掌握和部分掌握以下。在 2000 年全国教育进步评估中，4、8、12 年级的学生在数学和科学成就上达到了熟练及以上等级的不到三分之一。而"掌握"代表的是每一年级测试中扎实的学习基础。从 2000 年起全国教育进步评估的结果在表 3 - 1 中已列表显示出来了。

看一下 12 年级的数学熟练水平:只有 2% 参加测试的学生达到了高级水平;14% 被认定达到了掌握水平,这就意味着,正如之前所提到的,只有他们才具备在该年级学科上应该达到的扎实的学习基础。48% 的 12 年级的学生被认定只达到部分掌握的水平,这意味着他们只掌握了一部分内容,而非全部 12 年级数学学科所要掌握的基本的学习内容。35% 的学生被认定在数学上处于部分掌握程度以下的水平,这就意味着,在 12 年级水平所要求的必须掌握的基本知识领域里,他们甚至连一项基本能力都没有掌握。

2000 年全国教育进步评估的成绩与前几年相似。事实上,21 世纪国家数学与科学教学委员会,也称"格伦委员会(Glenn Commission)"(Glenn, J. 2000),就这一问题进行了详细的分析。在他们的总结报告中,这一声望颇高的委员会用了几年的时间对全国教育进步评估数据作出了如下的评估:

美国学生每年在学校所学到的东西确实越来越多,但是就各年级的掌握标准所作的比较而言,12 年级学生的学习表现却不如 4 年级和 8 年级的学生。虽然自 1970 年以来,全国教育进步评估中的数学成绩有所提高,但在近 30 年的时间里,我们的学生在数学和科学上的学习表现始终停留在令人失望的水平上。

在国际比较中,用来衡量美国与其他国家 K - 12 年级学生的数学和科学技能的研究经常被引用的数据,毫无疑问是国际数学和科学研究(TIMSS)的。在 1995 年,这一测试涵盖了多达 41 个国家和地区(NCES, 1999)。四组学生接受了测试:4 年级学生、8 年级学生、12 年级学生以及 12 年级数学与物理进阶先修课程的学生。

国际数学和科学研究的测试结果(见表 3 - 2)表明,美国 4 年级学生在数学上处于国际平均水平;在科学上,美国 4 年级学生的成绩显著高于国际平均水平。对于 8 年级的学生而言,情况就差多了。具体来讲,数学成绩在 41 个国家中排名第 28 位,科学则排到第 17 位。而到了 12 年级,情况就更差了。在数学上,21 个国家和地区中有 18 个胜过了美国;而在科学上,美国被 21 个国家和地区中的 15 个所超越。最坏的消息来自 12 年级参加进阶先修课程的学生。在参加进阶先修课程测试的 16 个国家和地区中,美国学生的数学得分只超过了一个国家,而科学却得了最低分。

　　在此对 1999 年国际数学和科学研究的测试结果进行了部分摘录(仅限于 8 年级)。表 3 - 7 反映了美国与其他参加该测试主要国家和地区的测试结果。

表 3 - 7:1999 年美国 8 年级学生数学与科学成绩与其他国家或地区相比的排名

全球学生在数学与科学上的学业成就 8 年级学生成绩;美国与其他国家和地区比较			
数学		科学	
新加坡	604	中国台湾	569
韩国	587	新加坡	568
中国台湾	585	日本	550
中国香港	582	韩国	549
日本	579	澳大利亚	540
比利时	558	英国	538
加拿大	531	比利时	535
俄国	526	加拿大	533
澳大利亚	525	中国香港	530
美国	502	俄国	529
英国	496	美国	515

资料来源:National Center for Education Statistics (2001). Highlights from TIMSS-R.

　　不幸的是,1999 年美国 8 年级学生的测试结果并不比 1995 年国际数学和科学研究的第一次测试结果好多少。尽管在 1999 年,美国的测试成绩稍微高于国际平均成绩，但是通过对两次都参加了国际数学和科学研究 8 年级水平测试的 23 个国家和地区的成绩进行分析之后，国家教育统计中心（NCES，2000）得出了这样的结论："在 1995 年到 1999 年这一时间里，美国 8 年级数学和科学的学习成绩没有任何变化。"我们试图从 1995 年的国际数学和科学研究的研究中获取经验教训，但 1999 年的结果还是如此令人失望。

女性和少数族裔人士（非裔美国人，西班牙语裔美国人和土著美国人）与男性白种人和亚洲人相比，他们在 K - 12 年级的数学和科学上的学习成绩表现更糟糕。有几项研究详细分析了女性和少数族裔人士在数学和科学上所取得的成绩（BEST，2004；CAWMSET，2000；NSF，2003）。这些研究表明：尽管近年来已经取得了一些进步，但这些群体在学习成绩及所学课程上所取得的成就与白种人和亚洲人相比依然有很大的差距。这成为他们在技术、数学和科学能力上不平等的根本原因，进而导致他们在更高层次上接受数学和科学教育的不平等，以及而后相应地在科学与技术行业中就业机会的不平等。

经济发展委员会是近年来对数学与科学教育这一话题进行探讨的另一个团体。他们的报告（Committee for Economic Development，2003）鉴别出许多核心论题，这些论题对于回答"为什么美国的数学和科学分数如此之低？"这一问题具有关键的意义。其中的两个论题与 K - 12 年级的课程缺陷相关。

- 低期望——不到一半的四年级教师在教授四年级水平的内容。
- 低质量的课本——美国科学促进协会认为，不到 10% 的中学数学课本是可以被接受的，并且认为没有一本科学课本是可以被接受的。

另外一个事实也说明了 K - 12 年级的数学和科学技能并不令人满意，那就是大多数公立学校的最低毕业要求太低。正如表 3 - 8 所示，只有 45% 的 K - 12 年级学校要求至少进行 3 年以上的数学学习，这是国家教育优异委员会所建议的高中毕业要求;另外只有 24％的学校达到了所建议的至少进行 2 年科学学习的要求。在这个越来越被科技所掌控的世界里,每一个学生都需要带着一种对技术以及技术影响未来所有工作的更全面的理解离开 K－12 年级学校系统。实现这一理想的最佳途径在于进行更完整的科学和数学学习,它可以驱动技术的变革。

表 3－8:公立学校脆弱的最低毕业要求

绝大多数公立学校脆弱的最低毕业要求	
满足国家教育优异委员会建议之要求的公立学校所占的百分比*	
数学	科学
45％	24％
*数学—3 年数学;科学—2 年科学	

资料来源: National Commission on Excellence in Education via D(2003). van Opstal (Council on Competitiveness) — private communication, May 2003.

概言之,K－12 年级的学生们并没有受到高质量的数学与科学课程的挑战,他们在这些重要的学科上没有达到掌握的水平。从此处所呈现的资料以及其他具有同样价值的资料中,我们可以清晰地得到一条相同的结论,那就是:在美国的 K－12 年级的教育中,数学与科学教育正在失去自己的地位。

总统科技顾问委员会针对 K－12 年级数学与科学教育培养问题,提出了两条关键性的建议。这两条建议的详细说明如下:

建议:充分落实《不让一个儿童落后法》。

我们为联邦政府顺利通过此项法案而欢呼,尤其令我们激动的是法案的以下两个重要方面:(1)这项法案要求各州从 2005 年起每年对 3 至 8 年级学生的数学进步情况进行测评,同时要求各州从 2007 年起每年至少分别对三个年级段(3—5 年级、6—9 年级、10—12 年级)的学生的科学进步情况进行测评。我们强烈建议联邦政府密切监督州与县一级公立学校系统的执行情况,以确保问责制和强硬标准的真实目的得以实现。

(2)这项法案要求，到 2005 年各州应使课堂中拥有知识丰富又颇具经验的数学和科学教师的人数增加。所有新教师都必须获得由州颁发的证书，并至少拥有学士以上的学位，同时必须通过有关所教课程知识和教学技能严格的州级测试。

建议：联邦政府应该成为国家教育优异委员会所提建议的倡导者，这项建议号召所有学生在高中毕业前应至少进行三年数学学习和两年科学学习。

信息技术、通讯设备、医疗设备以及其他日用品，已经改变了美国人的生活方式和工作形式。事实上，每一项工作的功能都涉及 30 年前并不存在的产品。这一变化要求对所有学生的技术学科的学习进行再评估。就像在过去并不要求学生学习汽车机械，但必须学习驾驶一样，如今学生们进入就业市场之前，应该对工具有一个基本的理解——可能是一台电脑、一套计算机化的设备、一种基于互联网的通信装置或者其他一些新系统——这是当今世界所要求的。

学校在学生高中毕业之前，需要进一步地强调当今世界产品的重要性，即便它不是大学教育所必需的内容，但会使年轻人为将来的生活和工作做好更充分的准备。在数学学习中，可以用一年的时间来学习商业的法则，这样可以使学生们更好地理解美国这样的资本主义国家的运转方式与测量方式。

总统科技顾问委员会与几位 K－12 年级公立学校的管理者交谈过。他们认为，提高科学和数学技能的关键在于使课程标准化，并达到一个具有挑战性的水平，从而使得教师明确他们应该教什么。已经有一些学区这样去做了并取得了显著效果。一个很好的例子是贝尔维尤(Bellevue)，华盛顿学校系统的学区教育局长迈克·赖利(Mike Riley)汇报说他们的标准化课程使接受三年科学学习的高中毕业生人数翻了一番(占毕业班人数的 78％)。他们的经验在于：假如没有标准化的课程，很多非科班出身的教师由于不熟悉该领域，将会开发出较差的课程，那么学生受到教师鼓励而去学习科学课程的可能性就会降低。

附录 B：
K-12 年级数学与科学方面的教师培养

当 1999 年国际数学和科学研究(TIMSS)的研究资料公布时，美国教育部长理查德·赖利(Richard W. Riley)做了如下陈述："如果我们让历史教师去教学生几何，让物理教师去教学生化学的话，我们将不能期望美国在数学和科学上处于世界领先地位。"赖利部长所关注的一个重要问题，也正是总统科技顾问委员会所要指出的问题：

发现：大多数关注如何改进 K-12 年级数学与科学的技能并提升学习兴趣的研究都总结出一个关键的问题，那就是对优秀教师的需求。既然我们在过去的 20 年中所做的努力已被证明效果甚微，那么很明显的是，我们需要考虑进行大胆和引人注目的变化。

因为完全符合要求的 K-12 年级的数学和科学教师处于短缺状态，所以很多学生接受的是非本学科专业教师的教学。前面所引用过的格伦委员会(Glenn. J. , 2000)的总报告中指出，56％的高中学生的物理课是由非物理专业教师教授的。报告还指出 27％的高中学生的数学课也是由非数学专业教师教授的。委员会的总报告做了如下的陈述：

在对课堂情况进行了深入广泛的分析之后，委员会得出的结论是：变革最有力的工具同时也是变革开始的地方，应当是教育的核心，也就是教学本身。数学与科学的师资匮乏，无法满足当前的需要，很多班级的这两门课程是由不合格或欠合格的教师给学生上的。我们无力吸引并留住优秀教师，使他们得以成长。我们有一个信念，即通过教师唤起学生对数学和科学学习的兴趣，这样的教师不仅热爱所教学科、沉浸于他们的学科之中，而且拥有作为教师的专业技能——能够把他们的学科教好。

经济发展委员会(Committee for Economic Development, 2003)指出:93％的初中学生的科学课程是由非科学专业的教师教授的,同样的情况也出现在70％的初中数学课堂中。需要加以注意的一点是:他们所得出的有关初中非专业教师的数据比前面格伦委员会所得出的有关高中的相关数据还要高。这就意味着初中学生想要得到富有激情并且合格的数学与科学的教师的可能性更小。

经济发展委员会(Committee for Economic Development, 2003)进一步将合格教师的巩固率作为一个重要的论题提出来。新教师在头三年中的流失率是33％,在头五年的流失率是46％,这么高的流失率令人触目惊心,这明显加重了学校系统持续聘请新教师的负担。也许它能够解释学校为什么会在数学与科学的标准上出现严重的下滑——学校要招收适合的合格教师是如此困难。

斯坦福大学胡佛学院的埃里克·哈纳斯科教授(Hanushek, 1992; Hanushek & Kimko, 2000)和他的同事们几年来一直在研究教师素质(teacher quality)的问题。他的这项彻底的研究关注教师素质所产生的影响。以下是哈纳斯科教授提供给总统科技顾问委员会的一份陈述,它总结了教师素质对这一课题研究的影响:

所评估到的教师素质间的巨大差异让人印象深刻。哈纳斯科教授(1992)指出,处于质量分布层顶端的教师的教学效果好于处于底层的教师整整一个年级的程度。这就是说一个好的教师在仅一年的教学时间里就能将学生水平提升1.5个年级的水平,而差的教师只能达到0.5个年级的水平。所进行的比较对比了处于第5个百分位数与第95个百分位数的教师。

这些评估是根据加里(Gary)的印地安那学区小学各年级阅读和词汇成绩的差异进行分析而得出的。样本只包含了低收入的少数族裔学生,他们的小学平均成绩低于全国的平均成绩。评估的数据样本来自对不同教师所带班级的成绩所作的比较,不仅考虑到学生的家庭背景,也考虑到学生的入学成绩。(学生背景因素包括父母收入、父母受教育情况、

母亲的工作以及家庭规模大小）（Hanushek，2000，私人通信）

大多数人会理所当然地相信一名优秀教师所具有的能力，但是通过研究，以量化的方式来具体看待这一问题，可以让人印象更加深刻。

另一个与教师有关的重要问题是，在从 K - 12 年级到大学的过程中，学生逐渐丧失了原本对科学的兴趣。朗（Long，2001）通过研究对这一因素进行了量化，揭示了 9 年级学生对科学的兴趣在他们向大学迈进以及在取得学士学位的过程中是如何渐渐丧失的。尤其值得注意的是，看一下表 3 - 3，有 14% 的 9 年级男生对科学感兴趣；然而当他们进入大学后，这一数字跌至 7%；当他们获得科学学士学位并结束大学学习时，这一数字降至 2%。9 年级女生的情况更是如此。

反反复复的研究表明，学生对科学学科兴趣的下降首先是由于教师没有给予学生在选择科学和数学职业方向上以很好的支持和指导。正如之前所指出的，大量的数学和科学教师是非专业的，他们无法激发学生对他们所教科目的热情。

我们之所以无法吸引到最优秀的人才从事教学事业的一个重要原因是工资问题。正如表 3 - 9 所示，在拥有本科学历的 22—28 岁的人当中，从事教师行业与非教师行业的人的年平均工资相差 8 000 美元。在拥有硕士学历的 44—50 岁的人当中，年平均工资相差达到 32 000 美元。如此之大的差别，很难吸引数学与科学的专业工作者去从事教学工作。

表 3 - 9：拥有学士与硕士学位的教师与其他的职业选择工资对比

教师与非教师的收入：学士与硕士学位		
	平均年收入（1998）	
	教师	非教师
22—28 岁拥有学士学位	$21 792	$29 984
44—50 岁拥有硕士学位	$43 313	$75 824

资料来源：Duncan Moore, White House Office of Science and Technology Policy（private communication）

显而易见的是,最优秀的学生并没有被吸引到教师队伍当中。国家教育统计中心的数据证实了这一说法(NCES,2002b)。我们把1993年的毕业生基于学术能力测验和美国大学测试分数进行四分位数排列,并在2000年再次联系他们。结果发现在四分位数最高列的学生当中,只有4%的人从事全职的K-12年级教学工作,而在四分位数最低列当中,这一比例达到了10%。这一显著差异表明,美国并没有吸引到最杰出、最聪慧的学生从事K-12年级的教学工作。

总统科技顾问委员会提出了两项针对K-12年级数学和科学教师培养的建议。这些建议详细介绍如下:

建议:联邦政府应当对教师资格、教育券以及特许学校新的发展路线进行强有力的倡议与支持。

教师资格——2001年《不让一个儿童落后法》要求每一个学生都拥有高素质(highly qualified teacher)的教师。在过去,这意味着他必须从师范学校毕业。然而教育部长罗德·佩吉(Rod Paige)修改了高素质的定义,在定义中加入了"熟悉所教内容是什么"这一要求。我们同意佩吉部长的说法。

传统的教师资格,正如经典的教育者所倡导的那样,强调"怎样教"甚过于强调"教什么"。然而现实问题是,这样的教育体系并不能为学校培养出高素质的数学与科学教师。

我们的建议是:联邦政府以及诸如美国教师教育学院协会(American Association of Colleges for Teacher Education)此类的组织要认识到,他们必须改变思路以实现在每个课堂中配备一名高素质教师的目标,尤其是数学和科学学科教师。

其他一些组织如美国卓越教师资格委员会(American Board for Certification of Teacher Excellence)等相继出现了。美国卓越教师资格委员会是由教育改革者组成的,他们旨在发展出一套资格证书的方法,用于奖励那些精通各学科知识的专家,而不仅仅是掌握了教学方法的教师。

与此同时,它还将建立起一套比当前资格考试更为严格的统一标准。该委员会所做努力的目的在于,他们开始看到越来越多的人以非传统的方式进入教师专业领域当中。一些人是已经在某些行业功成名就而又选择从事教学的专家们;一些人是决定教中学科学的工程师和退役军官;另外一些人虽然可能没有接受过正规教育,但他们却能指出并解决教育中存在的问题。

当这些才华横溢又热情洋溢的教师被家长们视作天赐之物时,他们这些"后来者"将威胁到现有的教育制度。如果联邦政府不愿意像该委员会那样作出诸多努力的话,那么联邦政府对这些努力的支持就显得尤为重要,因为这些支持可以使报告中所提到的教师素质问题得到缓和。

教育券和特许学校——一直以来,教育券和特许学校就颇受争议,主要是因为它们提供了除公共教育之外的教育方式。当今公共教育体系的教育者们经常对它们持否定态度。然而,对那些思考如何让孩子接受更令人满意的教育的家长们而言,他们愿意有这种选择权,因而对此普遍持肯定态度。

教育券和特许学校在《不让一个儿童落后法》的提案中已经讨论过,但是在经过众议院和参议院的审议后,它们却没有被列入法案。对一些地区而言,比如在教育券和特许学校方面有丰富经验的密尔沃基市,实施结果建议其他地区也应去追寻这样的教育选择。在密尔沃基市,由政府资助的可选择学校现在已吸引了该地区十分之一的学生。他们的经验表明:如果家长们相信他们的孩子能够从选择中得到更好的教育,那么他们确实想要这样的选择并能够从中获益。

我们强烈建议联邦政府应当坚定不移地支持教育券和特许学校,并且鼓励各州允许它们的存在和发展。

建议:联邦政府应该在改善 K-12 年级公共教育系统环境的同时,通过鼓励实施良好的人力资源管理和企业家精神,提高 K-12 年级教师的地位并提升教师职业的吸引力。

即便联邦政府没有权力去管理单个的公立学区,它依然需要采取坚定的立场,通过鼓励学校系统开展人力资源管理的良好实践,使得 K - 12 年级的教师职业变得更具吸引力。

任何一项良好管理实践的核心在于拥有一套严格的绩效奖励制度,它清楚地将好的表现与差的表现区分开来。应该给那些表现良好的人大幅度提高工资。优秀的教师是很少的,我们应该给予那些能够调动学生积极性并能给课程带来企业家精神的好教师以奖励。这一举措也可以向学生们传递一种有关教师职业的积极信息。那些表现较差的教师应留待考察,如果依然没有明显改进的话,则应请他们离开课堂。

给表现出色教师大幅度提高工资,需要对学校的经费状况进行审视。美国教育部(见表 3 - 10)的文件表明,在 K - 12 年级的公立学校中,只有52.5%的经费用于教学当中。我们还没有听说有任何一家企业实体只把他们50%的经费用于他们的产品和将产品送到顾客的手中。此外,国际研究显示(OECD, 2003):在其他绝大多数国家中,学校经费的70%以上直接被用于课堂教学。

表 3 - 10: 美国学校系统教学与非教学花费的比较

美国公立中小学教育支出总结(1999)		
	美元(10 亿)	百分比
教学	186.8	52.5%
非教学	169.1	47.5%
管理与其他服务	92.0	25.8%
设施运作	29.4	8.3%
资本费用	39.5	11.1%
债务利息	8.2	2.3%
总额	355.9	100%

资料来源: National Center for Education Statistics (2002). Digest of Education Statistics. U. S. Department of Education.

因此,应当督促学校系统控制非教学性的成本,尤其是收回那些与提高学生教育质量没有直接联系的活动经费。例如,如果 47.5% 的公立学校经费与教学无直接关系,那么可以将其中 3 至 5 个百分点的资金用于奖励教师这样的事情。当优先要做的事情发生改变时,缩减预算与经费的重新分配是企业所采取的措施。

然而,我们注意到,要控制预算和缩减不必要的开支也许需要各州或联邦政府降低对所填表格和所需报告的需求。

维持 K-12 年级学校的纪律与安全是帮助吸引和保持高素质教师的另一个重要方法,同时它也对学生有利。爱泼斯坦(Epstein, 2003)引用了下列事实:在纽约 150 所高中学校里,有 12% 的学生报告说,他们经常或每天都在校园内看到成年人或教师受到学生的威胁或伤害;29% 的学生报告说,他们经常或每天都看到一个学生受到另一位学生的威胁或伤害。爱泼斯坦对城市学校的安全问题作出了如下评估:

州和联邦法院的判决倾向于保护学生的权利,学校也努力遵从这些不经思考的官僚的指示。按规定办事使得学生只有在犯了不能容忍的重罪而被监禁的情况下才可以被学校开除。它所导致的结果是,我们的教室中充斥着扰乱日常课堂秩序的学生,他们对教育进步的唯一贡献就在于使其他学生产生烦恼,并且使学校一直拥有一支确保安全的安保队伍。

最后,在好的管理实践这一领域中,我们强烈敦促联邦政府重视招聘优秀教师从事教育职业这一问题。除了提供有竞争力的工资和良好的工作条件以外,还应实施其他诸如贷款免除项目等激励从事教师职业的财政措施。

附录 C:

科学、技术、工程和数学
劳动力培养及本科生和研究生教育

总统科技顾问委员会全面检视了当前美国的科学、技术、工程和数学(STEM)人才的有关问题,目的在于了解这方面的人才是短缺的还是富余的,其他国家在做什么,STEM 人才培养的质量如何,需要做些什么才能保持美国在该领域中的绝对领导地位。我们的重要发现是:

发现:美国在企业家精神和创新方面之全球领导者的历史地位依赖于它拥有一支强大的 STEM 人才队伍,他们推动着创新的发展。因此,我们的 STEM 的能力,需要依照本报告讨论的趋势给予积极的维护和持续的提高。

引领整个工业界的关键性创新,在很大程度上依赖于科学和工程技术的能力。有很多事例可以说明这一点。一些主要药物背后所包含的化学知识推动了医药工业在过去二十年的不断发展,给人们留下了很深刻的印象。这些发明完全依赖于世界一流(world-class)的化学家和生物学家对于生物科学和基因科学新发现的理解。更易于理解的是,来自生物技术工业新的重要药物已经从希望和理想的阶段发展到如今每年产生数十亿美元经济效益的生物技术药品(bio-tech drags)。这些成就的取得完全归功于高智慧的生物技术科学家们(bio-tech scientists)。

另一个事例是信息技术与通讯产业。微处理器及其所爆发出的令人惊异的能力,毫无疑问地成为美国巨大的财富之一。

这只不过是工程学和自然科学的发展所创造的发明在市场上取得成功的两个事例而已,还有很多全新的产业的出现,成为美国经济的重要组成部分。

一项研究一个国家 K－12 年级学生的基本数学及科学技能与国家长期经济健康之关系的重要工作已于近期完成。斯坦福大学胡佛学院的高级研究人员埃里克·哈纳斯科(Eric Hanushek)所领导的工作就是其中的一个事例。哈纳斯科和基姆克(Hanushek and Kimko, 2000)对一个国家的技术能力与长远发展的重要性的分析给人们留下了深刻的印象。他们对 40 年的数据的研究显示：一个国家的学生在 K－12 年级的数学和科学考试成绩与其国内生产总值的增长率之间具有较强的统计学上的关联。

这一研究与人们的共识共同说明了美国需要保持紧迫感，维护它在 STEM 领域内的基本能力。不仅那些专门从事创新和企业管理问题的劳动力群体应当掌握 STEM 能力，全体美国人都应当如此。我们知道，那些推动所有工业快速发展、具有创造力的思想观点，通常并不是由技术专家们提出的。包括开发者、生产者在内的整个创新生态系统需要有一个坚实的科学、技术、工程和数学基础。

发现：由于很难确定在任何特定时刻美国的 STEM 人才是否短缺或富余，关注美国在全球 STEM 领域内本科层次和博士层次获得学位的人数所占的份额似乎才是可靠的。

STEM 人才的短缺或富余——在总统科技顾问委员会试图了解美国是否面临 STEM 人才短缺或富余问题的过程中，我们回顾了在该领域已经进行的大量重要工作。商务部的有关数据相关程度最高（见表 3－11）。它们显示：每年预计为具有工程和物理科学技能以及生物和农业科学技能的人才所提供的工作岗位数，远远低于在这些领域毕业的本科生人数。

这些预测是基于因特网泡沫破裂与印度成为一个主要的软件中心之前的数据所确定的，因此有关数学/计算机科学人才的需求的数据可能比今天采集的数据还要高。

表 3-11: 预计的科学和工程技术人员的学位授予数与工作岗位数

工程、物理科学和生物科学的毕业生人数超过所提供的工作岗位数, 而数学和计算机科学与此相反			
商务部 2000—2010 年预测年学位获得者人数与工作岗位数			
	博士	硕士	本科	工作岗位
工程学	5 500	25 800	57 900	41 000
物理科学	5 000	5 100	17 900	13 700
生物学/农业科学	6 600	10 500	84 200	10 300
计算机科学/数学	2 600	16 800	49 500	225 000

资料来源: John F. Sargent. (2003). U. S. Dept. of Commerce, Office of Technology Policy. Unpublished analysis of Bureau of Labor Statistics 2000—2010 occupational projections.

表 3-12 把工程领域划分为几个不同的工程学学科,除航空学外,所有学科培养的工程技术人员数量都远远超过预计的工作岗位数量。表 3-13 存在着类似的情况,每年对物理学或天文学和化学人才的需求数量要远远少于即将获得学位的人数。从另一方面来看,在地球学、大气学、海洋学等领域中,工作岗位的数量与学位获得人数之间保持着良好的平衡。

表 3-12: 预计的工程学的学位授予数量与工作岗位数

工程学: 学位与预计工作岗位			
商务部 2000—2010 年预测年学位获得者人数与工作岗位数			
工程学专业	博士	硕士	本科	工作岗位
航空	220	580	1 300	2 300
化工	730	1 400	6 200	720
土木	550	4 100	9 600	6 000
电子	1 500	8 300	17 800	10 700
工业(Industrial)	200	3 000	3 900	3 300
机械	800	3 500	13 200	9 400
冶金	400	700	900	800

资料来源: John F. Sargent (2003). U. S. Dept. of Commerce, Office of Technology Policy. Unpublished analysis of Bureau of Labor Statistics 2000—2010 occupational projections.

表 3‑13：预计的科学的学位授予数与工作岗位数

科学：学位与预计的工作岗位				
商务部 2000—2010 年预测年学位获得者人数与工作岗位数				
科学专业	博士	硕士	本科	工作岗位
物理学与天文学	1 400	1 300	3 400	400
化学	2 000	1 800	10 400	4 200
地球、大气、海洋学	700	1 400	4 100	5 200

资料来源：John F. Sargent（2003）. U. S. Dept. of Commerce, Office of Technology Policy. Unpublished analysis of Bureau of Labor Statistics 2000—2010 occupational projections.

很显然,人们可以从美国商务部的分析中得出这样的结论:没有必要考虑任何关于 STEM 人才短缺的问题。

另一种思考该问题的方式是:通过观察这些学科的平均工资水平的增长,以及与其他学科的工资水平进行比较来检视 STEM 人才究竟是短缺还是富余。

表 3‑14 的数据来源于美国劳工部,它显示了 1995 年到 2000 年之间的年平均工资的增长情况。与所有劳动者的工资水平的增长情况相比——增长 3.75%,绝大多数工程专业领域的工资增长幅度大约保持在同样的水平或者更低。唯一的例外是航空航天工程师,他们的工资增长幅度很大,这也反映出表 3‑12 的数据所说明的一个问题:预计的航空航天工程师的供给量比工作岗位需求量要少一些。

就科学领域而言,该领域工资涨幅与所有劳动者的工资涨幅保持一致或者更低一些。看起来似乎计算机编程人员的工资涨幅比其他劳动者要大,然而,它所反映出的是因特网泡沫破裂与"印度现象"之前的状况。表 3‑15 的数据比较了工程技术人员和其他低技术含量的职业之间的工资增长幅度,服务性行业的工资增长幅度远远超出所有劳动者的工资增长幅度,然而工程技术行业内的情况却非如此。从过去五年所有这些数据的整体来看,可以很自然地得出一个结论,即美国并不缺少 STEM 人才。如果真的短缺的话,我们将会看到他们的工资增长幅度远远超过所

表 3 - 14: 科学和工程技术人员在 1995—2000 年的工资增长水平

科学和工程技术人员的工资无显著增长	
1995—2000 年平均年工资增长水平	
	平均工资增长幅度
所有劳动者	3.75%
工程技术人员	
宇宙航空	5.40%
机械	4.00%
土木	3.90%
电子	3.70%
化工	2.60%
工业	2.20%
科学技术人员	
化学	3.70%
生物学	2.30%
计算机系统分析	2.49%
计算机编程	4.90%

来源: John F. Sargent (2003). U. S. Dept. of Commerce, Office of Technology Policy. Unpublished analysis of U. S. Dept. of Labor Current Population Survey data.

表 3 - 15: 1995—2000 年各种职业的工资增长幅度

各种低技术含量的职业比工程技术方面职业的工资增长幅度更大	
1995—2000 年平均年工资增长水平	
	平均年工资增长水平
工程技术人员	3.9%
神职人员	7.2%
铺地毯工人(Carpet Installers)	7.7%
画家/雕塑家	8.2%
摄影师	8.4%
发型师/美容师	11.8%

来源: John F. Sargent (2003). U. S. Dept. of Commerce, Office of Technology Policy. Unpublished analysis of U. S. Dept. of Labor Current Population Survey data.

有劳动者的平均水平。

这一结论也得到巴兹等人(Butz et al, 2003)的支持。他们在这一主题研究方面得出的结论是:"在我们所能获得的数据当中,没有任何就业模式或者失业模式能够显示存在着科学和工程技术人员的短缺情况。"

也有一些组织对未来 STEM 领域的人才需求比较乐观。竞争力委员会所提供的数据表明(见表 3 - 16),在 1998 至 2008 年期间,要求掌握一定的技术技能的工作职位将增长 51%。表 3 - 16 还显示出,多种学科之间的界限将被打破,并预计据此将会出现新的工作增长。同样,这里所显示的数据也是在因特网泡沫破裂和印度成为软件中心之前所发布的,因此它表明的"在计算机、数学和操作系统研究方面的增长"与今天的预测相比很可能被过高估计。

表 3 - 16:1998—2008 年预计的需要一定技能的工作的增长幅度

预计需要一定技能的工作将增长 51%	
对 1998—2008 年出现的新工作的预测	
	工作增长幅度
计算机/数学/操作系统研究	92%
工程与科学经理	43%
医药与健康服务经理	33%
生命科学技术人员	26%
健康技术人员	25%
医药专业人员	22%
工程师	20%
物理学家	13%
工程与科学技术人员	12%

来源: Council on Competitiveness, "U. S. Competitiveness 2001"

迈克尔·泰特尔鲍姆(Michael Teitelbaum,2003)是斯隆基金会(Alfred P. Sloan Foundation)的一名项目主管,他对这一宽泛的问题进行了很好的全面总结。在彻底研究了 STEM 的短缺和富余问题之后,泰特尔鲍姆得出了这样的结论:"似乎可以充分地说明,我们并不存在这类人才数量的可怕的短缺。所有可获得的证据表明,劳动力市场对科学家和工程师的需求只是相对的不景气,在不同的领域和时间里存在着巨大的差异。"

或许泰特尔鲍姆最重要的结论应该是下面这个:"在并不深入的程度下,对未来劳动力市场的预测显而易见是有很大问题的:没有人可以知道美国经济与科学技术在 2012 年是什么样的,当然也不会存在关于未来人才短缺的可怕的预测,因而也不会有什么针对这种情况的敏感的政策回应。"

总之,有关经济与劳动力的基本假设的最小变化都能使预言者勾勒出未来人才是富余还是短缺的前景。因此,总统科技顾问委员会相信到底人员是富余还是短缺这个主题并不值得进行额外的深度分析或者争论。我们确实注意到对 STEM 进行研究的一个背景,似乎是为未来大量的工作职位提供充足的有准备的毕业生,这就意味着任何有关主题的研究变得和另一个问题相似了——即人们曾建议所有学习历史专业的人都去当历史学家或历史老师。因而,总统科技顾问委员认为,在美国内部检视 STEM 领域中人们的基本技能并不是一件重要的事情,真正重要的是从整体上对国家现有的行业结构是如何使用这些人才的问题加以审视,并基于对提高国家竞争力的整体思考,把一系列建立在事实基础上的建议整合到一起。正如前面所提到的,《财富》100 强的首席执行官中一半以上的人都拥有 STEM 领域的受教育背景。我们相信,不管是对小企业的领导者还是对《财富》100 强的雇员而言,STEM 领域的受教育背景在很多行业都有着巨大的价值。

美国之外的 STEM 人才——中国、韩国、日本以及中国台湾地区的工程技术人员的培养情况的确让人大开眼界。正如表 3 - 5 所显示的那样,在 2001 年 24 岁的公民中,中国的工程技术人员的数量是美国的三倍多,更重要的是,中国理学或文学学位中的 39% 是与工程相关的,而在美国这一比例只有 5%。我们也知道印度存在着类似的情况,他们特别强调计算机科学,但是我们拿不到具体的数据。

表 3－6 表明:近年来美国公民攻读科学和工程学博士学位的人员呈现出减少的趋势。最高峰出现在 1997 年,授予了将近 11 000 个这样的学位,然而到了 2001 年,这一数据下降到了 10 206 个。从另一方面讲,亚洲公民获得科学和工程学博士学位的人数大幅度增加。表 3－6 的数据还表明从 1978 年到 2001 年期间,亚洲的大学授予亚洲公民的该类学位的数字增长了三倍。此外,美国大学颁发给非美国公民的博士学位当中,有近三分之二颁发给了亚洲公民。

国家科学基金会(NSF)对获得博士学位的人进行的调查(NSF,2002b)指出,自 1996 年以来,美国大学授予非美国公民的所有科学和工程学领域的博士学位的数量下降了 15%(1996 年为 10 795 名,2001 年为 9 176 名)。自 1996 年以来,来自亚洲的非美国公民从美国大学获得所有科学和工程学领域的博士学位的数量下降了 25%(1996 年为 6 885 名,而 2001 年为 5 129 名)。这些数据明确说明亚洲人口成为拥有科学和工程学领域技能的主导力量。更重要的是,这些人才的培养越来越不依赖于美国的大学。

莱斯大学的斯迈勒(R. E. Smalley)博士是研究这一问题的专家。他的分析表明,到 2010 年,如果当前这个趋势持续下去,那么世界上 90% 获得博士学位的科学和工程技术人员将是在亚洲工作的亚洲人。这代表着一个重要的转移,这个转移对美国在科学技术领域的统治地位而言是一种巨大的危险。

在关注学生们攻读美国大学博士学位这一问题的时候,表 3－4 所指出的情形让我们更加清醒。自 1970 年以来,在生命科学中,从得到学士学位到获取博士学位所需的平均时间几乎增加了整整两年。很多其他科学领域中的专业协会非正式地承认类似问题的存在。如果这种获得学位的时间变化取平均数的话,那么那些期望成为生命科学研究科学家的人不仅面临着需要更多的时间进入劳动力市场的问题,而且还需要承担多年的学习但未必能够获得学位的风险。

如果最聪慧的年轻人缺乏其他可选择的培训或职业成长途径的话,

前面提到的所有问题都可能不再重要。但是，需要考虑到青年人拥有走向医学博士、神学博士、兽医学博士、法学博士（MD, DD, DVM, JD）以及工商管理硕士（MBA）等多种职业成长路径。在数十年中，获取这类学位所需的年限一直是十分稳定的，成功完成学业的可能性也很大，一旦开始以后，持续做下去也就有更高的可能性。在生物学或者物理学领域需要掌握的内容的数量比医学、法律或金融学领域更多、复杂程度更高吗？这个问题似乎很难讨论。

很多聪明的女性和未被充分代表的少数族裔人士（非裔、西班牙语裔和美国土著）也没有被吸引到 STEM 领域或从事这类工作。"女性和少数族裔人士以及一些残障人士占美国劳动力人口的三分之二以上，但是这类人群中仅有四分之一的人从事着支撑美国经济的科学、工程和技术类的职业。这一狭隘的基础给美国这些领域的发展带来了大批'未被代表的大多数'，然而这些领域却是美国繁荣、安全和生活质量的关键"（BEST，2004，p. 3）。女性和少数族裔人士没有在数量上被足够多地吸引到 STEM 领域当中，致使不平衡更为严重。女性与男性有着相似的高中毕业率，但是留在大学里继续学习 STEM 学科的人数却少得多（CAWMEST，2000）。尽管未被充分代表的少数族裔人士占全部人口的 25％，但是却只有 5％到 10％的学生参加计算机科学、微积分、物理学、化学和生物学的进阶先修课程（AP）（CAWMSET，2000）。

非裔美国人、西语裔美国人和土著美国人很可能像白人一样在科学与工程领域主修学士学位课程，但他们中高中毕业、考进大学以及从大学拿到学士学位的人数却要少一些。尽管女性在科学与工程领域获得学士学位的人数从 1996 年到 2000 年期间翻了一倍，但是与非科学领域获得学士学位的女性人数比起来还是明显少很多。在整个科学与工程劳动力队伍中，女性仍处于弱势地位。少数族裔人士获得科学与工程博士学位的人数只是他们白人同胞人数的十分之一，其数量的严重不足值得关注（CEOSE，2003）。

之所以强调物理科学和工程学的博士学位，其原因就在于所有新兴的产业都是以物理科学和工程学为基础而建立起来的。因此，从创新的立场来考虑美国的长远生存活力,了解不同国家重要的科学与工程人才(如博士学位)所占的份额是十分重要的。

发现:其他国家在自己的学院和大学中培养了大批 STEM 毕业生,它们通过较低的工资水平吸引商业机会,并创造了大量的 STEM 相关的工作岗位。这些国家还吸引了大量的研发投资,特别是在高技术部门。

在考虑到有些亚洲国家拥有大量的不断增加的 STEM 人才且他们的工资水平非常低的情况下,之前有关表 3-5 所提供的工程技术学位的讨论就变得非常重要。它使得依赖于技术发展的公司从自己的国家转移到这些国家当中,并利用它们丰富的人力资源发展自己的企业。在工资水平上,正如表 3-17 所显示的那样,在诸如印度这样的国家,用在每个 STEM 人才身上的直接成本是美国的八分之一到十分之一。

表 3-17:美国和印度技术类工作之年薪的比较

降低成本到印度去		
	年薪	
	美国	印度
软件程序员	$66 100	$5 900
机械工程师	$56 600	$5 900
信息技术经理人	$55 000	$8 500
会计师	$41 000	$5 000

资料来源:Thottma, J. (2003). Where the good jobs are going. *Time Magazine*, 4:(36).

由于这些趋势,弗雷斯特研究公司(Forrester Research)——一家对技术行业的人口统计学趋势进行过大量分析的公司预测:从 2003 年到 2014 年间,将会有 330 万工作岗位从美国转移到海外。萨特姆(Thottam,2003)对该公司的预测进行了总结,在这篇文章中,他们引用了美国财政服务机构的数据,预测 2003 年到 2007 年间将有 50 万个工作岗位流向海外,主要是流向印度。

每周都有大量的周刊文章报道类似的发展动态,比如马萨诸塞综合医院将其放射医学工作外包给位于印度班加罗尔市的卫普若有限公司(Engardio, Bernstein, & Kripalani, 2003)。有些杂志报道了JP摩根大通投资银行将其股票研究分析的活动放到了印度孟买的一家企业中(Thottam, 2003)。这些美国企业只不过是利用了这些令人难以置信的低成本技术劳动力。

这里的一个巨大变化就是,这些国家培养了大批高质量的技术专业人员,并把它与低廉的薪资水平结合在一起。这就使得很多全球性大公司将它们的活动转移到这些国家来运营,从而保证它们在成本上的竞争力。

亚洲国家已经在吸引研发投资以及参与高技术行业方面显示出极强的竞争力。例如:从1994年到2000年期间,美国公司在中国的研发成本已经从700万美元增加到5.05亿美元(Moris, F. 2004)。在全球高技术市场中,中国所占的份额从1980年的1%已经增长到今天的8.7%,韩国则从1980年的1%增长到2001年的7.1%(Global Insight, 2003)。

亚洲国家也开始更多地持有美国专利。尽管在1988到2001年期间美国专利的外国持有者的比例一直保持稳定(44%到48%)的情况下,设立在亚洲的公司(不包括日本)持有的美国专利的比例从1988年的1.7%上升到2001年的12.3%(美国专利与商标办公室之专用表格)。

这些数据和情况表明,技术的全球化和外国政府的努力,在技术经济的发展中发挥着重要的作用。对美国而言,新的市场和新的创新既意味着机遇,也预示着危机。尽管大量工作岗位的流失引发媒体的注意以及经济学家指向纯粹的整体利益,但仅仅关注由于发展带来工作岗位的流动问题将会偏离本报告的核心。我们所要关注的是**领导力**。

美国一直是创新的领导者,但是在多条战线上遭遇到了不断增强的和高效率的竞争。我们必须审视我们应如何维持领导力,以及如何通过这种领导力来创造工作岗位。如果主要的一些学科是在海外诞生的,未来的技术创新也发生在世界其他地方,那么美国发展一系列新的产业的能力即便不会减弱,也将承受巨大的压力,而这些新的产业往往能够创造出高薪的工作岗位和经济上的成功。如果我们所拥有的创新生态系统能够抓住扩大全球技术产品市场的机会,那么即便国际竞争依然存在,美国作为供应者的国外市场也存在着。在许多领域中我们所面临的竞争都在加剧——半导体开发、软件、大量的服务行业、生物技术以及纳米技术等,数不胜数。创新的机会体现在这些行业中,也体现在很多其他领域中。如果我们想保持我们在全球的领导地位,那么我们的生态系统必须加入到这些竞争当中。作为这个生态系统最基本的元素,保持并且真正改善美国的 STEM 技能就成为国家的紧迫任务。

总统科技顾问委员会就美国的本科生和研究生教育以及从事 STEM 领域工作的劳动力问题,提出了四条核心建议。这些建议详述如下:

建议:政府部门和大学携起手来共同关注如何增加学习 STEM 的学生人数,以及如何使这些学生从事 STEM 领域的职业。联邦政府应该评价这些人员的招聘和留用情况,并将这方面的最佳实践活动加以推广。应特别重视不同学生的需要、兴趣和动机,以充分利用不断多样化的美国人口的优势。

表 3-3 表明,大学生对科学学习兴趣的丧失发生在他们进入大学之后到实际可以取得学士学位的这段时间之内。

美国国家科学院科学、技术和经济政策研究所执行主任斯蒂芬·梅瑞尔(Stephen Merrill)在向总统科技顾问委员会所作的汇报中指出:他的数据表明,有一半的学生原本有意主修科学和工程学学科,但最终还是在入学一年后放弃了。换句话说,如果这个简单的问题能够得到纠正的话,那么科学和工程类专业的大学毕业生将增加一倍。在一项类似的研究中,西摩和休伊特(Seymour & Hewitt, 1997)指出一年级学生不愿意继续学习 STEM 专业的原因,不在于学生的质量(继续和放弃此类专业学习的学生有着相同的能力),而在于教学的质量。他们的研究表明,大多数学生在一年级后远离科学和工程类专业,是对要求他们修学的入门课程低劣教学质量的一种反应。纠正这个问题不仅需要改变在第一年教给学生什么(课程),还需要改变怎样教(教学法)。

使更多的女性和少数族裔人士留在 STEM 领域也可能使现状发生显著改变。美国促进女性与少数族裔人士留任科学领域国会委员会(Congressional Commission on the Advancement of Women and Minorities in Science)(CAWMSET,2000)得出结论:"如果能够使女性、未能充分代表的少数族裔人士和残障人士在美国的科学、工程和技术领域的劳动力大军中的所占比例与他们在总人口中的所占比例相一致的话,那么在科学与工程领域的人员短缺状况将会得到大大的改善。"

政府部门应该督促大学关注这些问题,并要求在这些特定的方面有所改善。特别需要注意的是,我们的目标是:使更多在一年级入学时对STEM 感兴趣的学生能够最终获得这些领域的学位。大学可以通过一系列行动来达成上述目标。比如让本科生参与政府资助的项目;鼓励教授们帮助大一和大二的学生认识到从事这些行业的可能性并让大三和大四的学生介入他们的研究项目;根据专家委员会提出的有关建议,利用各种特别的方式来增加女性学生和少数族裔学生进入 STEM 领域。

那些为大学 STEM 教育提供相关经费的政府部门,应该建立起一套包含有上述期望指标的审核程序,判断大学是否符合此类期望来决定是否继续给予资助。在制定这个程序时,政府各部门应该最大限度地避免可能的"游戏"成分,从而让大学以肯定的态度面对它。

对那些讲授科学与工程入门课程和高级课程的教授们(他们向高年级学生介绍未来在工业界实际要做些什么)进行指导也是非常有益的。我们在研究过程中所遇到的一个想法就是,鼓励那些专门从事科学与工程研究的专业协会将他们认为对教授们有用的材料提供出来,从而增加教授们对学生毕业后的真实岗位情境的知识。除此之外,这些专业协会为大学和学院所公布的研究资料也是十分有价值的,它可以激发起学生对科学和工程学学习的内在兴趣,从而增加这些学科中学生的增长率。

正如我们分委员会的一位成员所说:"我们需要消除那些导致学生不断流失的思想认识,代之以如何使学生保持某种对 STEM 兴趣的思想认识。"我们希望,通过"保持分数"并向学生们提供他们毕业后将能做些什么的材料,应该成为朝向这一方向努力的一个步骤。

建议：联邦政府应该大力提倡专业科学硕士学位（professinal science Masters Degrees）的概念,使之成为那些对 STEM 领域感兴趣,但又不愿花费很长时间去攻读博士学位的学生的一种选择。

表 3-4 显示,在当前的各个科学领域中,获得学士学位后要想取得博士学位需要花费七年以上的时间。重要的是,刚毕业的博士还需要花费 2—5 年的时间进行博士后研究,这是在绝大多数技术领域中开始职业生涯的实际要求。从职业上来讲,这预示着现在许多年轻的科学家在 30 多岁以前不可能作为完全独立的专业人员来开创自己的事业。这种付出往往会让在校的大学生感到沮丧。我们强烈建议联邦政府开始鼓励大学授予专业科学硕士学位。这类学位将科学与数学整合到商业、法律和其他专业领域的培训中去,将科学知识融入到商业管理、高技术服务和法律学习当中。这种学位明显地扩大了科学和数学专业的学生的就业机会。

对这类学位的需求是有证据的。1997 年,在斯隆基金会和竞争力委员会的帮助下,专业科学硕士学位的概念第一次被提出。如今,由于这一概念被普遍认可,已经有 45 所大学设立了专业科学硕士学位。

提供这类学位对于一位即将从科学专业毕业或打算继续从事该专业学习的本科生而言,具有特殊的意义。意识到在四年的本科学习之后,再花两年时间可以在一个新的专业科学领域获得硕士学位,将能激发起他们很大的兴趣。当前,在大多数的大学中,当本科生在考虑如何成为一名专业的科学家的职业成长道路时,他们发现获得一个博士学位所需要的时间太长了,这让他们对从事 STEM 的研究失去信心。

建议：大学应该减少获得博士学位所需的时间,并寻求一种新的方式替代当前的操作模式。联邦政府必须积极协助大学减少获得学位所需的时间。

我们在本报告中数次提到表3-4，因为该表数据表明在科学领域获得博士学位的时间实在是太长了。我们敦促联邦政府让那些负责向重点大学(key universities)提供科学和工程研究资助的政府机构开始计算在大学中获得博士学位所需的平均时间，并将这种计算与政府是否继续向这些大学提供资助的问题联系起来。其中一种改进的方式就是让政府的资助机构采取积极的财政激励措施，鼓励大学缩短获得博士学位所需的时间。

建议：我们强烈支持总统科技顾问委员会提出的《美国研究和开发投入之评估》中的建议(PCAST，2002)。这项建议呼吁建立起一项奖学金项目，用于吸引和支持美国公民在科学与工程领域内的高级研究生学习，以满足国家的紧迫之需。此外，联邦政府还需要调查如何才能最有效地使那些在美国的大学获得STEM领域博士学位的非美国公民留在美国。

面向美国公民的奖学金——在过去的20年里，所引用的数据都说明STEM领域的美国毕业生人数呈下降趋势，但是这种下降由于大量外国学生的涌入而得到缓解。目前，我们面临着过分依赖这些非美国公民人才资源的问题。同时，我们也看到对于这些国外出生但在美国拿到STEM领域博士学位的人才而言，"回家"变得越来越具有吸引力。这就将美国置于一种危险的境地。我们建议，大家应该共同致力于使更多数量的美国人，包括女性和少数族裔对STEM领域的专业产生兴趣，激励他们在这些领域拿到博士学位。这应该从本科阶段开始，这些通过大量向STEM领域内的美国学生提供奖学金的方式，不断增加政府的支持。如果修学STEM课程就可获得奖学金(预示着对一种大学学位的承诺)，这将改变高中学生的学习兴趣，鼓励家长让自己的孩子选择STEM专业，同时也激励高中做好有效的升学准备，以让他们的学生能够获得此类奖学金。

非美国公民——当前，美国的大学是基础研究的根本源泉，同时它们还肩负着培养下一代科学家、工程师、企业家、医生和领袖的责任。在过去的数十年间，美国的大学吸引了世界上最优秀的科学、工程和技术人才。今天，美国依然非常依赖那些非美国公民前来美国接受教育，获得研究机会和从事专业工作的持续的热情。确切地说，外国学生与学者对我们国家能否持续充满活力至关重要。

考虑到非美国公民对我们国家创新生态系统的重要性，有两个显著的变化是非常令人担忧的，这也促使我们提出这些最后的建议：

1. 表3-6显示的数据使莱斯大学的斯莫利教授提出如下预测：到2010年，全世界超过90％的科学和工程技术人员将是在亚洲工作的亚洲人。即便这一预言只有半数成真的话，它也是一个令人震撼的预言。美国尤其需要尽可能地使那些获得STEM博士学位的人才留在美国。2000年美国人口普查的最新数据表明，居住在美国的博士学位获得者中有38％是在外国出生的。

2. 有明显迹象表明，人们十分关注安全问题——2001年9月11日灾难性的事件加剧了人们的担心，这可能导致大量不切实际的、没有效力的政策和控制措施的出台。被拒在美国门外的外国学者的人数在增加，一些已经在美国大学注册的外国学生由于出国旅行而被拒绝重新返回美国。还有报告表明，外国学生不敢去参加各种国际性的科学会议，外国学者不能及时获得签证以使他们前来美国参加会议或上课。

给学生和学者们带来复杂问题的两条关键性政策变化如下：其一，大使馆和领事馆向联邦调查局(FBI)寄送申请者的材料以寻求安全检查的数量急剧增加；其二，国会又出台了一个新的强制性措施，即要求所有申请者中的90％必须接受个体面谈。这些政策的变化所造成的结果就是：与去年相比，那些主要大学中40％的新生签证延误，其中研究生占绝大多数。

我们敦促联邦政府出台一项政策留住那些在美国大学获得STEM领域博士学位的非美国公民。这项政策必须在我们的大学内营造一种既安全又开放的环境。我们校园的开放性——对来自全世界的学生、学者和工作人员开放——一直是我们的最大优势，也是美国研究型大学获得成功的核心要素。事实上，科学的进步本身也有赖于一种开放的、具有国际对话的、数据公开的以及研究结果可以复制和验证的学术环境。然而，在提出这一建议的同时，我们当然也充分认识到联邦政府有责任聘请人才和专家以确保美国的和世界的安全。

第四章^①
为了 21 世纪的科学

2004 年 7 月

亲爱的同事:

联邦政府在支持国家科学基础设施、国家财富和科学研究上发挥着关键的作用。这是我们对未来的投资。科学发现改变了我们对宇宙的认识和我们的思维方式:不论是宇宙空间的浩瀚还是分子水平生物学的精微。在诸如利用生物技术制造新药和发展新通讯技术此类的创新方面,我们看到科学在改善生活和迎战挑战方面源源不断的力量。在 20 世纪初期我们尚未学会飞行,也很难想象在 20 世纪会有一系列令人惊奇的发明,然而今天我们正受惠于此。当我们步入 21 世纪后,我们满怀欣喜地期待:那些将在未来的数十年激励我们创造财富——全新而有远见的理念、发现和技术。

本报告陈述了在国家科学和技术委员会的领导下,^②我们联邦科学

---

① National Science and Technology Council Executive Office of the President (2004), *Science for the 21st Century*, http://www. ostp. gov/nstc/21st Century/Final_sm. pdf

② 国家科学和技术委员会(The National Science and Technology Council,以下有时简称国家科技委员会或 NSTC)的成立缘于 1993 年 11 月 23 日克林顿总统发布的 12881 号行政令。该委员会(属于内阁级别)是总统协调联邦政府内各项科学与技术政策的主要机构,其主要目标之一是为联邦政府在信息技术、健康研究、交通系统以及基础研究等方面的投入设定明确的国家目标,同时为此制订研发战略。NSTC 作为科学与技术管理的实质性机构,协调不同部门之间的联邦研发事业,以完成以多元国家目标为目的的综合性投资计划(investment package)。

事业所要承担的重要责任及联邦研究机构所应采取的行动，以使我们的项目计划与科学机遇和国家需求相一致。众多事例已经表明，我们的科学事业应对总统的本土和国家安全、经济增长、健康研究及环境等优先事项作出回应。此外，我们明确了各科学机构应如何协同工作以确定优先事项；如何协调相关研究项目；如何平衡投入以促进发现，并将科学转化为国家利益及维持国家的研究事业；如何促进数学教育和科学教育，促进劳动力发展等方面使其达致卓越。

忠诚的，

约翰 H. 马尔博格(John H. Marburger，Ⅲ)
科学与技术政策办公室主任
总统科学顾问

一、社会中的科学

科学使我们获得新的知识与发现。当我们探究自然，去揭示她的无穷秘密并拓展我们对自然世界与生活世界的理解时，我们深受启迪。强大的科学事业催生出分析和调查的新工具，并提高了我们质疑、学习和利用已有成就的能力。科学引领我们用创新的方法迎战今日的主要挑战，为经济增长与发展提供基础，并提高我们的生活质量。

自我们国家建立以来，历届领导者已经充分认识到科学与技术对我们未来繁荣的重要性。早在 50 年前，这一认识已在万尼瓦尔·布什(Vannevar Bush)①的著名报告《科学：无尽的前沿》(*Science：The*

---

① 万尼瓦尔·布什(Vannevar Bush)被称为电脑之父，他预测了 Internet 和很多今天科学技术的发展方向。在他的所有论著中，以 *As We May Think* 和 *Science：the Endless Frontier* 两文最为世人所熟知。这位罗斯福总统的科学顾问，针对二战后美国的情况，提出要把科研和教育相结合，把原本属于国防的实验室划归给学校，将非机密技术如解密、青霉素技术等基础科研下放到学校，大大增加科研经费，将市场经济规则用于科研和国防，把科学更直接地转化为生产力等一系列观点。——编者注

Endless Frontier)中得到了讨论,并提出建立一项在当时乃至今天都颇具针对性的政策。今天我们已进入 21 世纪,各种动力(dynamic forces)推动着科学事业的发展。当我们在对这个新时代的要求作出回应时,我们必须小心翼翼地分析我们的研究投入,并参与确定国家的发展重点。

加强美国的研发(R&D)事业

长期以来,组成美国科学事业的各种机构,包括学术界、各联邦研究机构和政府实验室、非营利性机构、专业团体和顾问组织(如国家科学院)及产业界等,与国际社团一起,在促进科学进步的方向上已经形成了紧密的合作。虽然联邦政府对研发事业的投入仅占美国全部研发投入的28%(见图 4 - 1),但联邦研发在维持我们国家科学的卓越方面却发挥着重要作用。联邦政府主要支持以下项目:

- 支持将大部分资金用于基础性研究,这些研究可能并不会直接或立即就能被应用;
- 支持需要长期持续投入的研究;
- 支持私营科研机构研究设备,主要是超出其建设或维护能力的公司;
- 支持测量和标准方面的基础设施,它们涉及国家科学与技术的各个基础领域,是科学和创新进步所不可或缺的;
- 支持将研发用于国家重点项目,结合合作伙伴之力,加速将联邦研究成果转化为实际应用;

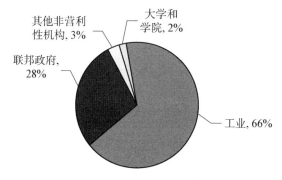

图 4 - 1 2001 财政年度,依据资金来源和工作特性,国家研发投入情况

- 支持确保国家科学和技术(S&T)教育和劳动力发展卓越的教育项目。

这些联邦投入将为明天的伟大发现和发明奠定基础，并为把我们的投入及时转化为现实效益提供支持。

响应新的时机

科学日益增长的跨学科特点正推动着各方面的变化，某些学科之间的交叉趋势日益明显，如粒子物理与天文学。1998年暗能量(dark energy)的发现彻底改变了我们对宇宙的看法。科学在某个领域的进步，可能使看似不同的其他领域也取得进步。目前越来越多的、最令人兴奋的研究问题往往是涉及跨学科合作的问题。这些问题要求使用大型研究设备和先进信息技术。计算机性能的爆炸性发展和先进仪器的发展已孵育了一次正在改变所有科学的革命。

超高像素扫描仪(Ultra-high-resolution imaging)、传感网络技术(sensor-network technology)和超级计算机日益强大的仿真能力等使新数据库(data sets)的产生成为可能。不同科学社团之间的宽带互联，则使之可被全面利用。这一发展同时使新型的研究成为可能。这将是一个更快速运转、更具高成本效益(highly cost-effective)的研究架构。新近的诺贝尔奖遴选关注于这一趋势：扩大科学研究的范围和在传统科学学科之间架构桥梁。2003年诺贝尔生理学或医学奖的其中一位得主是一名化学家，他将其诺贝尔领奖演讲题目取名为"所有科学均具跨学科性"(All Science Is Interdisciplinary)。2003年的诺贝尔化学奖颁给了细胞中离子通道的发现者，该项研究结合了生物学和大型仪器设备(通常与物理学领域相关)两大领域的新发现。

时至今日随着研究范围的日益扩大与跨学科特性，健康发展的科学事业将依赖于在全部探究领域内对科学的进步能够孜孜不倦地追求，并对所有科学学科进行合理平衡的投资。许多观点认为需要增加对物理科学的支持，部分原因是对物理科学的投资受益远远超越了新学科知识，并符合所有科学的需要：更为强大的计算能力、科学仪器和其他能够帮助研究与实验的工具(例如机器人技术,它能改变某些类型的医学研究和临床应用)。另一方面也有观点认为需要增加对社会科学研究的支持,包括与本土和国家安全直接相关的潜在应用,发展新技术应理解研究的伦理和社会含义等。诸如此类观点以及其他值得关注的观点,如要繁荣科学事业哪些内容是必须抓好的,都需要进行评估,通过评估确定有限的联邦研发预算及发展重点。这就要求相关制度能适应变化所需,在政府内部和广大科学社团之间,共同发展这些优先项目。

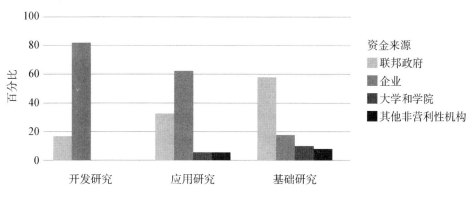

图 4-2　科研资金来说及在各领域分配

确保教育和劳动力的卓越

联邦政府在确保我们国家科学和技术教育、劳动力发展的卓越方面负有职责。我们在培养训练有素的科学家、博士后研究者和研究生方面的能力,维持了美国科学的卓越。这些人才致力于研究者发起(investigator-initiated)的研究项目,项目的分析经过一个严格的同行评议过程。培养高技能的美国科学和技术(S&T)劳动力以支持此类研究,并帮助将科学发现转化为实际应用、社会利益和相关措施等。如果我们要对国家的研发投入作出合宜的决策,引导新科学和新技术的采用并对新科技的社会意义展开探讨,那么推动公众接受科学教育,使他们知晓科学和新技术就显得十分必要了。唯有如此,我们才能从投入中收获最大的效益。而这些努力的质量将支撑整个美国的科学事业。

承担责任

确保我们在联邦资助的研究项目上的投资得到良好管理和恰当使用,同样是联邦政府应有的职责,这一职责是总统管理议程(President's Management Agenda)关注的焦点。正如布什总统所言,美国人民知道政府"不仅许下承诺,而且要兑现承诺"。为此,联邦机构通过诸如国家科学与技术委员会(NSTC)等实体机构与科学社团一道建立合作机制,定期评论与修正各类项目管理和评估实践,确定发展重点,以确保最大化地回报美国人民的投资。

暗能量(dark energy)的发现驱动物理学和天文学的研究

1998 年,科学家们发现宇宙处于加速膨胀之中,这意味着先前某些未知的能量来源正抵消着引力,这种能量被称为"暗能量",这一排斥性的力量事实上正撕裂着宇宙并使其分离。2003 年 2 月,当威尔金森微波异向性探测器(Wilkinson Microwave Anisotropy Probe,WMAP)公布从未获得过的宇宙最佳"婴孩照"(baby picture)时,暗能量被认为是我们宇宙的主宰力量。该照片显示,宇宙中第一代恒星仅在大爆炸之后 2 亿年便已形成,这比科学家们所预期的要早得多。新的照片同样精准地确定宇宙的年龄为 137 亿年,同时确定了宇宙的成分:4%为普通物质,23%为"暗物质",以及约 73%的"暗能量"。

这些发现促成并形塑着(shaping)粒子物理这一非常狭小领域的研究,也形塑着天文学的研究,同时也重塑(reshaping)了科学团体的研究日程和研究投入策略。近来,全国物理学界和天文学界的领军人物在为国家研究委员会(National Research Council)所写的《将夸克与宇宙相连》(Connecting Quarks with the Cosmos)报告中,为新世纪提出了 11 项引人注目的科学问题。国家科学和技术委员会的报告《宇宙物理》(Physics of the Universe)为基于这些问题的未来联邦投资提供了一幅跨机构的蓝图。

本届政府的科学任务

其一,作为居首位的优先事项,本届政府已经对反恐怖主义、捍卫本土与国家安全等紧急需求作出了回应。其二,除安全问题外,我们还要确保持续的经济增长。不仅要促进短期的经济增长,而且要为创新和技术搭建平台,以确保我们国家未来的成长与繁荣。我们同时必须采取行动以维系和提高美国人民的生活质量:充足的、负担得起的医疗卫生保健;负担得起且充足的能源供应;现在与未来宜居的健康环境。

应对挑战和其他挑战的办法,将依赖于科学发现和新型技术,正如今日引人注目的医学诊断检测技术或信息技术革命,均依赖于生物学、物理学和数学等学科的基础性突破。本届政府对研发的资助已经有了稳步的增长(见图 4-3)。为维持所需的科学技术,总统 2005 年财政预算要求将自由支配预算资金总额的 16% 交给研发部门。2005 年研发部门所需要的资助达到历史的最高水平,是近数十年来对自由支配预算资金或国内生产总值所占百分比中最高的。正如布什总统所言:"在国防和经济健康方面,科学与技术从没有变得如此必不可少过。"

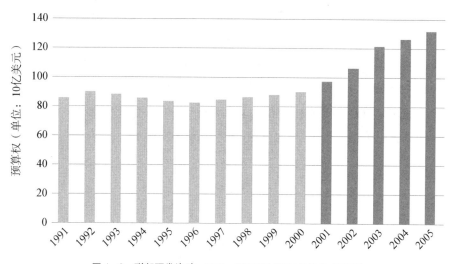

图 4-3 联邦研发资助:1991—2005(以 2005 年价格水平计)

谁是政府的科学家?

联邦科学基金资助私营部门数十万的研究者,尤其是大学中的研究者(政府提供全部学术研发资金中的大部分)。同样地,该基金也为附属于许多机构部门下的一小部分联邦骨干科学家、工程师和其他高技能的研究者提供资助。依据国家科学基金会一项针对全国拥有博士学位劳动力的调查,在 2001 年,超过 38 000 名联邦研究者拥有科学或工程方面的博士学位。虽然这些人员仅占全美拥有博士学位科学家和工程师人数的 7%,但他们却发挥着至关重要的作用。他们和其他政府科学家一道进行着他们自己的研究,通常集中在政府固有的领域;他们还与学术界和产业界的同事合作,在联邦科学和技术项目的管理以及国家科学政策的发展方面贡献他们的专业知识。

青年研究者在成长为优秀研究人员的同时,也是联邦劳动力系统里流淌的新鲜血液,他们的技能将应用到机构的各种项目和工程中。大约 20%服务于政府部门的博士科学家和工程师是在近期(5年内)获得学位的。其他人在为学术界或产业界服务很多年之后,为联邦带来了他们的已有技术。为联邦政府效力的科学家在各行各业作出了巨大的贡献,他们中的许多人得到了广泛的认可。他们作为科学和专业杂志的编辑,领导着各主要科学社团,其中一些人获得了引人注目的成就,包括获得诺贝尔奖。政府科学家活跃在各大科学社团中,常常在为联邦服务和受雇于学术界与产业界之间流动。专家的参与、联邦科学与工程劳动力的流动,帮助改善了科学规划和政策发布,加强了国家科学事业的合作性质。

确立优先事项

总统已经规划了宽泛的政策,这些政策通过理事会可应用于联邦研发实践和投资决策制定。科学与技术政策办公室(Office of Science and Technology Policy, OSTP)和管理与预算办公室(Office of Management and Budget，OMB)对联邦预算中的研发优先项目提供年度备忘录,为研究机构就建立对优先项目作出回应的单一机构或跨机构研究计划提供早期指导。备忘录通过相关项目的跨机构合作,指引联邦资助的研究项目的运作而实现最优化。这一备忘录同时概述了政府部门对研发项目的绩效评估和评议政策。各项目必须是相互关联的;各项目必须设定清楚的目标以与机构的使命、国家发展重点和利益相关者的要求等密切关联;各项目必须是高质量的,由外部专家评估的合理运用、同行源议、基于价值的竞争(merit-based competitions)和独一无二的性能以及基础设施的保存与发展等几大要素来决定;各项目必须提供绩效记录,由战略规划、达到发展重点及目标的合适测量框架、显示结果的具有前瞻性的标准等几个方面予以证明。

我们已经步入 21 世纪,联邦机构正比过去更多地运用跨机构合作,并联合确定发展重点,规划一致性战略(cohesive strategies)以最大化联邦研究投资的回报,包括形成有效的私营部门合作战略和国际合作战略。通过国家科学和技术委员会(NSTC)及其他跨机构机制的运作,我们已经确认了联邦科学事业的四大职责。这些职责将引导我们维持美国科学事业的全球卓越地位,促进国家和国际的重要合作,将活动聚焦于与国家利益至关重要的领域。各机构已经制订出回应总统所提之挑战的对应策略,并为今后联邦科学投资的多元化和长期利益打下了牢固的根基。

核糖核酸干扰(RNAi)：对普遍存在的细胞系统的发现带来了强大的研究工具

科学家不是每一天都能揭开一个自然界中的奥秘。基因(gene)关闭的简单方式的发现便属于这一类型的突破,该关闭方式是由核糖核酸干扰而引发的基因抑制(gene silencing)。核糖核酸干扰已在植物、动物和人类中被广泛发现。研究者相信核糖核酸干扰的自然角色是为了生长和(或)自我保护而调整基因的活动,减少它们的活性。例如,病毒命令它们所感染的细胞生产特定的核糖核酸,以帮助病毒幸存。研究者相信核糖核酸干扰是一个古老的机制,可用于消除那些不需要的或额外的核糖核酸。

核糖核酸干扰是在一个简单实验中发现的,该实验产生的结果与预期的结果完全相反。科学家在研究植物生长的遗传学时,试图传递一个额外的"紫色"基因给矮牵牛花,但却发现花完全是白的。增加的遗传物质是如何抑制了某个遗传特征的呢? 由国家卫生研究院(NIH)和国家科学基金会资助的研究者鉴别了不同有机体之间的一个相似过程并发现了核糖核酸干扰,它的运转犹如分子的"哑巴按钮"(mute button)可使个别基因安静下来。进一步的研究发现核糖核酸干扰技术几乎能够广泛地应用于基因活性的操作。

研究者认为核糖核酸干扰可用于新的医学治疗。科学家已经制作出灵活的工具用于获取活细胞以生产特定形式的核糖核酸干扰,这提高了研究者研究动物和人类细胞中的核糖核酸干扰的医疗价值的能力。例如,在新近对隔离的人类细胞所进行的实验室测试中,研究者成功地使用核糖核酸干扰杀死了艾滋病病毒(HIV)。

联邦科学事业的职责

对基础研究的广泛投资,有时也被称为发现科学,将会产生新的知识并势必激活发明和创新。这一事实确定无疑但又难以预期。下一个基础性发现将是什么,或在何时何地它将引领新的经济增长或使我们的生活质量受益,对此我们并不清楚。但从历史的角度看,我们充分认识到:是美国在研发上的投资及其所引起的创新支撑着我们国家的繁荣。从联邦研发投资中所散发的活力,产生了有史以来最高的新经济增长。每年越来越多的专利发布数量中,40%的专利来源于联邦的研究。

联邦研究事业是相当灵活的,它致力于最重要的知识和创造能力去迎接今日的挑战。直接资助特殊优先事项,如本土安全、能源技术、环境质量、卫生保健中特定挑战的研究等,这加快了我们在这些部门中的发展步伐,并将激活新知识产品和技术等的发展。或许新近最为重大的动员联邦科学事业以迎战国家所面临挑战的一个例子,发生在 2001 年的

9·11 事件之后。那时各联邦研究机构迅速进行协同工作,使用各种方法以加强国家和全球安全,并最大限度地降低它们对我们日常生活和我们已习惯了的自由所产生的影响。

四大职责

各联邦机构通过国家科学和技术委员会及其他协调机制的支持,共同工作以确定联邦科学预算的优先事项;对代表国家发展重点的项目进行跨机构的协调;简化科学管理实践;确保我们的活动能给学生和普通大众带来令人兴奋的发现,并帮助他们在这个快速变化的世界中做好准备,成为更有效的社会财富创造者。

以下活动将支持联邦科学事业四大职责的执行:

1. 推动研究发现并维持国家科学研究事业的卓越
2. 以创新的方式快速回应国家面临的挑战
3. 投资并加速将科学转化为国家利益的进程
4. 实现科学技术教育和劳动力发展的卓越

这些职责中的每一项和伴随其后的相关科学政策,将在本报告中予以详细陈述并附加事例。以此来说明如何对整个进程进行规划,保障未来的长期利益。

量子物理学的飞跃

在这十年中,科学中所取得的成就超乎想象。1995 年,一个物理学家小组制造了一个超级原子:一组由 2 000 个铷原子组成的原子集,在完全相同的时间内一起做完全相同的运动。他们已经制造了一种被称之为玻色-爱因斯坦(Bose-Einstein)凝聚物的新物质形态。物理学家们追求这个"神圣的圣杯"(Holy Grail)已经有 70 余年了。这一成就使得国家标准与技术研究所(National Institute of Standards and Technology, NIST)的埃里克·康奈尔(Eric Cornell)、科罗拉多大学玻尔得分校(University of Colorado, Boulder)的卡尔·维曼(Carl E. Wieman)两人共同获得 2001 年诺贝尔物理学奖。（2001年诺贝尔物理学奖的另一位得主是美国麻省理工学院的沃尔夫冈·克特勒（Wolfgang Ketterle）教授，三人均在玻色-爱因斯坦凝聚物的实验上取得了突破性成就。——译者注）它重新开启了所有物质的量子研究和宇宙研究的复兴，这些研究通常是研究全然陌生的、最小物质微粒的行为。

两年后的2003年12月，国家标准与技术研究所和科罗拉多大学玻尔得分校的另一个研究小组在国家标准与技术研究所物理学家德博拉·金（Deborah Jin）的带领下，制造了另一种新物质形态——"费密子凝聚物"（Fermion Condensate）。对一个物理学家甚至是团队来说，"费密子凝聚物"看起来像一个矛盾物（oxymoron）。玻色子在玻色-爱因斯坦凝聚物中是天然群居的；它们宁可采用它们邻居的运动方式也不愿单独运动。但对于费密子而言，粒子家庭树（particle family tree）的另一半和所有物质的基本组成块（basic building blocks），则是天然的孤独者。研究发现没有一个费密子与另一个费密子能处于完全一样的量子状态。围绕这个问题，金（Jin）小组使用超冷态和能精确转换的磁场以使费密子原子能够匹配成对。在超导体（superconductors）中同样存在着此现象，每一对电子（也是费密子）的流动都没有受到任何阻力。物理学家希望对此类费密子凝聚物的进一步研究，最终能引领在室温材料中产生超导电性。大范围地应用此种技术，将能大幅度地改善能源的使用效率。

二、推动研究发现并维持国家科学研究事业的卓越

自然界中许多奥秘的发现是由科学研究中的"意外事故"而引发的，然而这些奥秘的发现需要有准备的头脑、正确的工具和远见卓识。长期的策略将从人们期望和未期望的来源中寻求新发现和新知识，并当它们

出现时能够灵活地寻找新的出路。众多科学发现的偶然性本质和科学日
益增强的跨学科特征,提升了科学宽广度的重要性。今天某一学科中的
发现将会引领明天另一领域的重大进步。生命科学和医学科学中可预期
的长期突破同样依赖于对物理科学、数学和工程学的发展。

政策

一些基本政策用于引领机构的各类发现科学(discovery science)
项目:

- 维持国家基础科学研究的卓越是联邦的一项主要职责;
- 依据科学界的需要与建议形成基础发现科学的项目;
- 联邦所支持的基础研究成果应当向公众开放。

加强协调

联邦研究机构要在以下两类学科中,即在基础科学学科和在生命科
学、物理科学、社会科学和行为科学、数学和工程学等日益增强的交叉性
学科中,协调正在进行中的机遇评价(evaluation of opportunities)并确定
集体优先事项。多种跨机构机制如国家科学和技术委员会(NSTC),旨
在加强相关学科社团之间的沟通,并鼓励观念的相互交融(cross-
fertilization)。这将有助于改善战略规划、促进互补性项目的开展与实
施,并形成综合性项目管理机制。以下例子将阐明机构和跨机构优先事
项是如何确定与协调的:

- 在联邦研究投资组合中,社会科学和行为科学的作用在这个快速
  变化的世界中变得日益重要。多个机构共同协调开展这一领域中
  的研究项目,包括国家科学基金会(National Science Foundation,
  NSF),国家卫生研究院(National Institutes of Health, NIH),国
  防部(Department of Defense, DOD),国土安全部(Department of

Homeland Security，DHS)，国家司法研究所(National Institute of Justice，NIJ)，国家航天航空管理局(National Aeronautics and Space Administration，NASA)和国家海洋及大气管理局(National Oceanic and Atmospheric Administration，NOAA)。这些机构管辖的领域范围相当广泛,如健康行为(在美国,行为和社会因素占了全部疾病和死亡原因的一半),实现边境警戒人员和机场工作人员的绩效最大化,对新兴技术的社会影响进行评估(如基因组学、纳米技术、生殖技术等)。最近为回应恐怖主义和其他灾难性事件,在对社会机构的稳定性分析以及对大量信息进行语言、文本分析方面已经取得了一些突破。同时,为促进联邦各机构之间的合作,国家科学和技术委员会下属社会、行为和经济科学分委员会(Subcommittee on Social，Behavioral，and Economic Sciences)已于2003年成立。

- 已经成立隶属于国家科学和技术委员会的水供应和质量分委员会(Subcommittee on Water Availability and Quality)。该分委员会旨在解决与美国和全球水供应相关的一些科学和技术问题。该分委员会召集了多个机构的专家,并就水供应与质量,尤其是水与土地使用之关系等若干重大问题的研究方向和行动建议,与国家科学院(National Academies)和国际研究社团(通过国务院联络)进行协调。

- 分类学(systematics)作为一门学科,通过分类法组织动植物之间的相互关系,从全世界收集并保存独一无二的物种,为广泛的科学研究提供支持。除了为生物学研究提供原材料外,分类学还有助于扩大对生物多样性和入侵物种的了解,这一了解对解决农业中的可持续问题和常规问题意义重大。包括美国农业部(Department of Agriculture，USDA)在内的几大联邦机构共同合作支持分类学,最近他们为该项目的未来投资制订了一项战略计划,旨在加强分类学的研究与物种收集。同时,国家海洋及大气管理局(NOAA)则组织专家对水生物种和信息技术展开研究。

所有这些投资将用于建设电子数据库和资助现存物种收集物的保存。

空间探索新愿景

布什总统已经规划了国家空间探索项目的新愿景。总统提议美国进行一项长期的人与机器人项目,以探索太阳系。以重返月球为起点,并最终能在未来对火星和其他目的地进行探索。为了给本世纪后期的空间探索铺好道路,科学家们正在检验国家航天航空管理局(NASA)的两艘火星漫游者(Mars rovers)即"勇气号"和"机遇号"向科学家们所展示的火星岩石,同时科学家们将可看到火星的过去。"勇气号"和"机遇号"所看到的情况说明火星表面曾经有水流动过。在"机遇号"降落地旁边的那块标记为 El Capitan 的裸露岩石表明,它曾长时间地浸泡在液态水中。从岩石上呈现的线索和成分支持了如下结论:岩石在它形成以后因浸泡于液态水中而发生变化。但是这一线索并未告诉我们这一潮湿条件持续了多久,以及当岩石形成时这一环境是否仍是潮湿的,虽然这些疑惑令人着急但远非结论性的。NASA 的科学家将继续分析来自漫游者探测器的证据,以寻求该岩石的水历史的其他可能证据。该信息将帮助科学家们对火星是否曾经有一个足够潮湿的、适宜生命居住的环境的可能性进行评估,并帮助决定未来火星探测任务的方向。

优化绩效

科学跨学科特性的日益突显,基础性研究设施投入规模的增长和现代科学的国际性,需要有推动科学进步的新管理架构和全球行动。当前机遇正日趋复杂,这就要求改善跨机构的科学管理与合作,以便使资金、能力与机遇之间能够实现更好的协调。一些正在进行中的计划诠释了这一过程。

- 国家科学和技术委员会已经成立了商业模式研究分委员会（Subcommittee on Research Business Models）。该分委员会旨在为与全体利益相关者对联邦研究的进展进行鉴别，并提出改进意见。该分委员会赞助了四次利益相关者的工作坊会议，以鉴别问题和倾听利害关系。分委员会确定了在短期内亟待处理的 10 大问题，并将在稍晚些时与各研究社团继续就需要予以解决的其他问题展开讨论。这些短期问题包括：对设备和仪器支持的稳定性与可预期性，跨机构间的标准进步和财务报告程序，以及利益冲突时联邦政府范围内的一致性原则等。

- 总统管理议程（President's Management Agenda）呼吁持续提升政府研发支出的效益持续改善，并依据五大计划对各机构和部门的管理实践进行监督，使他们担负各自的职责。国家科学基金会是达到所有标准并在所有计划中获得"绿灯"（green for success）的第一个机构。（依据主管机构记分卡所使用的交通灯类推）根据 2003 年 12 月的绩效数据，国家科学基金会和国家航空航天管理局是仅有的获得可能的 5 个绿灯中 2 个绿灯之分数的机构。

- 几大机构计划改善长期效益的典型例证是能源部（DOE）已经设立的未来前 20 位的大规模科学投资计划。在向科学社团广泛咨询的基础上形成了《未来科学的工具：20 年展望》（*Facilities for the Future of Science：A Twenty Year Outlook*）这一报告。该报告在向对机构优先研究领域中未来发现所急需的重点优先项目的投资理由。

数学启迪科学发现

数学是洞察的强大工具，是科学和工程之间的统一力量。随着各交叉学科研究的日趋复杂和海量数据库处理需要的增长，数学对科学发现的重要性日益凸现。尖端数学模型（sophisticated mathematical models）和计算运算法则（computational）为我们所测量的数据与我们所要研究的现象之间提供了联系。基础数学的发展在人类基因片段的组合和产生领域起了至关重要的作用。新的计算法则同样为现代视频游戏和电影屏幕上出现的生动活泼的情节片段起了重要的幕后作用。联邦对基础数学的资助由国家科学基金会提供。其他资助机构包括海军研究室(The Office of Naval Research)和能源部等机构,为数学相关具体应用的新发展提供了资助。

广泛合作

当我们接手越来越多的项目时发现,这些项目常常与多个研究机构、其他国家政府和跨国研究组织等合作,联邦科学规划必须认识到与国内和国际各研究社团合作时新的工作方式的重要性。这类研究合作往往能够带来全球利益。一些国际合作与全球受益的例子如下:

- 水稻基因组排序项目(The Rice Genome Sequencing Project)。该项目成员涉及 10 个国家,既有来自私营部门也有来自公共部门的合作者。国家科学和技术委员会下属的植物基因组跨机构工作小组在规划研究发展重点和追求跨境合作创新中起了非常重要的协调作用。有关水稻基因组的知识,不仅增加了人类对各物种间基因模式的认知,也为美国和国际水稻生产者提供了利益,同时还加强了全球范围内的食品安全(大米是全球一半以上人口的主食)。

- 地球观测站政府间团体(The Intergovernmental Group on Earth Observations)。该团体成员涉及 47 个国家,欧洲委员会及 29 个国际组织,由美国、欧洲委员会、日本和南非任联合主席,于 2003 年 7 月在地球观测峰会后成立。峰会由美国商务部、能源部和国务院共同赞助。在此峰会期间通过了一项宣言,即号召政府之间开展合作以共同建立一个全球地球观测系统,通过宣言的同时号召制订一项为期10年的实施计划。地球观测计划将致力于土地、大气和海洋观测等方面的研究和满足政策共同体要求。总统海洋政策委员会(President's Commission on Ocean Policy)的近期报告对其中的部分问题进行了详细论述。该委员会的研究是未来30年内对海洋状况进行研究的首个综合性观测项目。

从基础科学到拍卖市场再到公共政策

在20世纪50年代,商业界认为博弈论是一种不具备实用潜力的神秘理论。该理论研究个体在某种情景下的行为对他人行为所产生的影响。而国家科学基金会则对此持不同看法并对该决策科学持续投入数十年。目前,博弈论者和经济学家的协作已经对市场交易是如何竞争的(包括高风险拍卖中的行为)形成了新的实践见解。这些博弈论方面的发现已经应用于能源、电信、污染控制政策和耕地保护等领域。拍卖机制的设计有助于美国环保署(EPA)的拍卖和排放物利用获得成功,以控制二氧化硫排放并减少酸雨形成。经过计算在减少等量的二氧化硫排放量方面,排放物利用的成本与其他合理的替代方法相比较,前者成本只有后者的三分之一。通过解决多条款买卖和投标人的勾结等问题,该研究将继续使拍卖市场变得更为有效。

影响

所有这些投资阐明:各联邦研究机构开展了大量的跨机构的基础性科学研究项目,建立了合理的国家和国际合作伙伴关系,并且所有投资都以大型科学社团的最佳建议为基础。这些投资不仅是长期规划与高瞻远瞩的结果,同样也是对使发现成为可能的仪器设备和研究基础设施提供支持的结果,同时还是卓越管理有限资源的结果。利用跨学科科学中出现的机遇,并全面利用新近信息基础设施和信息设备的突破,各机构正在抓住这些时机,搭建长期领先的平台。

基因组学和蛋白质组学(genomics and proteomics)的领先

在大规模基因组排序工程的全球合作中,我们已在结构基因组学方面处于领先。该项目的合作者包括国家卫生研究院、能源部、农业部和国家科学基金会,众多国际团体,以及少数私营公司。通过获取完全排序的基因,现在科学家能比过去更好地装配(equip)基因,以期在蛋白质组学研究上获得突破。通过对一段简单基因编码的检测发现它们平均含有 5 到 6 个蛋白质基因。由于大部分细胞内的化学物质以蛋白质形式出现,所以从基因层面对蛋白质的产生进行检测是获得对病毒更为完整的认识所必需的。

众所周知的由联邦、大学和产业界合作的蛋白质结构计划(Protein Structure Initiative, PSI)由国家卫生研究院下属的国家普通医学科学研究所(National Institute of General Medical Sciences)领导,目标是通过努力,加强我们决定蛋白质结构的决定能力。"蛋白质结构计划"关注在实验室中如何决定成千上万的蛋白质结构,并基于它们的化学排序利用计算机技术获取更多蛋白质的结构模型。这一知识可能将最终解决一些重要的生物医学问题,并有助于为基因疾病及传染病研究和发明新的治疗与预防技术。其中一项重要的早期成果是大部分常见蛋白质的形状示意图,这些蛋白质是自然界用来建构大多数复杂的构成全部活体的蛋白质。来自"蛋白质结构计划"的数据被存放在向公众开放的蛋白质数据银行(Protein Data Bank),该数据银行是世界范围内唯一一个生物分子结构数据贮藏室,由国家卫生研究院、国家科学基金会和能源部共同资助,并由国家标准和技术研究所、加利福尼亚大学圣地亚哥分校和罗格斯大学共同管理。

能源部的基因组学项目使用新基因组学数据和高性能技术来研究由基因组编码的蛋白质,以探索微生物的不同自然性能。这一项目以研究在降低有机体损耗、重金属解毒、燃料生产和从大气中去除二氧化碳方面具有显著性能的微生物为目标。研究从 12 个(最终为数百个)完整的微生物基因组排序开始，寻求找到执行细胞功能所有蛋白质的特征，并理解在从多蛋白质联合体到给予微生物以生命的过程中，蛋白质是如何工作的，以及微生物群是如何协同工作的。

破译牛基因

　　家养动物不论在食物提供还是在生物医学研究方面都起着主要的作用。高质量的基因组排序存在于人类、微生物、植物和其他所有类型的有机体中。对家畜和家禽的基因进行排序有众多益处，例如可增加食物的安全性，获得高质量低成本的食物供应，减少对环境的影响，具有更大的经济竞争力以及生产出含有其他营养和健康益处的新产品等。在比较基因学方面，新的基因组合顺序将有助于基础研究，增加我们对物种多样性的理解。通过与各联邦研究机构、学术研究团体和私营产业者的磋商，牛被认为是最适宜进行基因排序的家畜(鸡基因的完整排序于 2004 年 3 月 1 日宣布完成)。协作在该过程中起了非常重要的作用，原因在于牛的基因在规模上与人和其他哺乳动物的基因最为接近。国际牛基因排序项目(The International Bovine Genome Sequencing Project)引起了人们广泛的兴趣，包括美国农业部、国家卫生研究院、得克萨斯州；其国际合作伙伴有加拿大、澳大利亚和新西兰；来自私营部门的合作伙伴有美国牧场主牛肉委员会、得克萨斯州和南达科他州牛肉委员会等。该项合作研究凸显了联合科学专业技术和财政支持来共同促进研究优先事项的潜能。

三、以创新的方式快速回应国家面临的挑战

　　本土和国家安全问题、公众健康问题、环境问题以及能源问题是我们

国家所面临的几项最具紧迫性的问题。科学研究已为增强国土安全的生物医学对策提供了根基，为发展尖端的能源技术建立了基础，为病人提供了挽救生命的医学技术，还为政府围绕这些议题和其他重点优先发展议题如何制订公共政策提供了根基。

政策

为继续解决这些日益错综复杂的优先事项问题，必须制订一些政策对资源分配进行引导：

- 资助要具有灵活性，将资源分配给最为急需的领域；
- 新项目将选择最为合适的研究者或合作伙伴（如国际机构、联邦机构、学术界和产业界）。

识别优先事项

科学和技术政策办公室（OSTP）及管理和预算办公室（OMB）的年度备忘录要对研发优先事项中的关键问题提供指导。联邦机构预算提案阐述了各机构对政府各项优先事项的跨机构回应，及对各机构的一致意见，即如何选择合适的研究者和如何对所确定的重点项目的资金和资源进行分配进行了反思。近期对气候变迁、国土安全（包括 2005 年度财政预算中提出的食物和粮食安全计划）和纳米技术等的跨机构提案，阐述了各机构为响应联邦机构预算的指导是如何合作以制订新提议的。这些响应性研究计划在制订过程中采纳了相关机构的建议，这些机构包括国家科学和技术委员会，科学顾问团体（如总统科技顾问委员会）和国家科学院等。

为进一步阐述联邦对重点优先发展的国家需要作的回应，选择数个重点优先发展的例子如下：

本土和国家安全

- 2001 年 9·11 事件之后所发生之事显示了科学团体在回应国家紧急状况时的强大力量。在国家性回应的早期阶段，科技政策办公室(OSTP)就与新筹建的国土安全办公室(Office of Homeland Security)建立了正式关系,包括人事共享,以确保联邦科学事业能够全力参与早期的重要活动。在国家科学和技术委员会下成立了反恐怖主义研发特别工作小组(Antiterrorism R&D Task Force),对最为重要的优先事项能够快速制订合作研究计划,包括生物学、化学、放射性/原子能等方面的应对策略;风险评估和风险沟通中的社会、行为、经济等方面的问题以及快速响应机制。随后,在国家科学和技术委员会下建立了国土和国家安全委员会(Committee on Homeland and National Security),旨在协调面向本土和国家安全的跨机构研究。最为重要的研究领域包括:研制疫苗、研发生物测定学、绘制炭疽热病毒和其他病毒病原体的基因组;发展传感器技术(嗅探器)用于检测微含量的化学品;对由于化学、生物、放射线等扩散事件所造成的大气扩散问题进行研究,公布应对措施;研究新的数据挖掘技术,用于从庞大而又棘手的数据库中分离出数据模式。

- 利用研究项目研制新式应对攻略。针对阿富汗恐怖分子日益增多地使用洞穴和碉堡掩体掩藏其武器库的做法,隶属于国防部的研发机构应在 90 天之内,用"基础化学"的某个概念加速研制出一种新式温压性武器(thermobaric weapons),用于摧毁这些洞穴目标。所谓"温压",来自希腊语中的"热"和"压力"两词。这些温压性爆炸物要经过两个阶段的爆炸,其中第一次爆炸将为第二次爆炸提供大量的燃料,从而产生极其猛烈的高压冲击波。一旦这些温压性爆炸物在洞穴内被引爆,爆炸所产生的高压冲击波就会在第一次爆炸点的周围迅速扩散,且并不会造成洞穴的坍塌。这套爆炸装置对于摧毁那些化学和生物武器目标非常有用,因为它并不像传统的炸药那样在炸药内部引爆,而是等炸药物扩散以后再引爆。

- 国土安全部门已经建立了一批基于大学的国土安全中心,从而有效平衡了美国大学的多元学科能力,以填补科学和技术方面的知识鸿沟。首个此类机构是 2003 年在南加州大学建立的恐怖主义事件风险与经济分析之国土安全中心（Homeland Security Center for Risk and Economic Analysis of Terrorism Events）。2004 年 4 月，美国国土安全部又宣布成立由得克萨斯农工大学领导的国家外来动物和动物传染病防治中心（National Center for Foreign Animal and Zoonotic Disease Defense）和由明尼苏达大学领导的粮食丰收后保障中心（Center for Post-Harvest Food Protection and Defense）。未来国土安全中心的建设将致力于有效平衡大学在社会科学和行为科学方面的能力，并致力于支持可操作性回应的研究。

健康

- 对非典（SARS）的科学回应，为我们迎战在当代出现的全球科学挑战总结出了一套新的合作模式。该模式可将全球范围内的政府研究机构、学术机构和私营企业等多方面的科研力量联合起来。在美国国内，疾病控制和预防中心（Centers for Disease Control and Prevention，CDC）、国家卫生研究院（NIH）、食品和药物管理局（Food and Drug Administration，FDA）、国防部（DOD）、老兵事务部（Department of Veterans Affairs，VA）、学术机构和私营企业等机构同样加强了彼此之间的合作。通过共同合作，这些机构迅速破译出了 SARS 病毒的基因代码，紧接着他们又研制出了抗体疫苗和候选疫苗。这一案例充分阐述了各联邦科研机构是如何激发多方研究力量引发后续研究的。国家卫生研究院下属国家过敏性和传染性疾病研究中心发起了一项联合美国政府、非营利性机构和企业界等机构的合作，共同研制出一种免费发放的"非典测试条"，它可以使研究者能够快速诊断不同 SARS 病毒引起的微小基因变化，从而加速了新药的研发。

- 近年来，我们面临着一种严重的西尼罗河病毒（West Nile Virus，WNV）流行的可能性，美国科学家已经采取了行动并研制出了一种可用于病毒防治的混合疫苗。国家卫生研究院科学家和华特瑞陆军研究院(Walter Reed Army Institute of Research)共同合作,利用新近在重组DNA技术上所取得的进步和过去在同宗类型其他黄病毒(如登革热病毒)上的研究成果,研制出了一种新的西尼罗河病毒候选疫苗。这些所取得的成功,一方面要归因于该病毒与其他黄病毒的相似性,另一方面则要归功于我们加强了对新出现的病原体的研究。为了防止西尼罗河病毒在全国供血系统中的扩散,食品与药物管理局(FDA)、疾病控制和预防中心与各州政府、血液诊断企业等一起紧密合作,利用现有的DNA技术平台开展了相关测试。通过该研究他们在八个月内确定了西尼罗河病毒通过血液和组织而传播的风险性,于是建立了调查广大血液捐赠者的监控机制,从而有效阻止了1000多例可能造成潜在病毒感染的捐赠血液进入国家血液供应系统。

对传染性疾病的快速回应

为了加强国家的安全防卫工作,联邦机构的多方力量被联合起来,共同研发新的工具,保护公众远离人为的或是自然产生的病原体侵袭。这些合作机构包括:国家卫生研究院、疾病控制与防治中心、美国军方传染病医疗研究所(USAMRIID)以及国防部、国土安全部、中央情报局、联邦调查局、能源部、农业部、国家科学基金会等相关部门。

各联邦机构之间积极合作的一个典范是"埃博拉病毒"(Ebola)疫苗的研制。2000年,国家卫生研究院和疾病控制与防治中心共同试验了一种实验性的"埃博拉病毒"疫苗,它能全面保护猴子远离这一致命性病毒的侵袭。国家卫生研究院正在对早期"埃博拉病毒"疫苗的某种成分在人类临床治疗中的安全性进行评估。该研究成果是国家卫生研究院和军方传染病医疗研究所共同合作的成果。这种疫苗所采用的医学策略和其他具有控制疾病作用的疫苗所运用的策略是相同的,比如HIV/AIDS和SARS等。由数个联邦机构和国际合作伙伴参与的基因组排序工程仍在继续对此类重点优先发展的病原体进行研究。

我们不仅要更好地做好准备,以保护国民免于那些人为的病原体侵袭,而且也要提高抵御自然产生的病原体侵袭的能力,比如 SARS 病毒和西尼罗河病毒。为了更好地促进此类重要研究,多家研究机构都加大了对研究设施的投入,用于帮助国家、州和地方政府在公共健康方面提高应对生物恐怖主义或传染性疾病等突发事件的能力。例如,国家卫生研究院正在全国范围内建设一批生物安全水平达到三级(BSL－3)和四级(BSL－4)的实验室研究设施(BSL 的等级可分为 1 到 4 级,等级越高则说明所研究的病毒爆发所产生的危害越大,需要建立额外的防御机制)。

能源

- 2003 年 1 月,总统宣布了美国氢燃料计划(US Hydrogen Fuel Initiative)。到 11 月为止,已有 15 个国家和欧洲委员会(占世界国民生产总值的 85% 和世界能源消耗的 2/3)同意建立氢能源经济(Hydrogen Economy)的国际合作伙伴关系。由美国能源部和交通部领导的这项跨国合作计划,将协调这一高风险/高回报的科学与尖端技术的发展,并在全球范围内将这一愿景转化为现实。这项氢燃料计划大大增加了国家对氢能源经济研发的投入。要解决氢的生产、存储、使用等方面问题,需要科学中跨学科领域的革命性发现和概念性突破。所有这些问题的解决办法将依赖于新型材料的创新合成(尤其是纳米材料),以及对这些材料的结构学、热力学、物理学、化学等属性的基本了解。

- 2003 年 1 月,布什总统承诺美国将参与世界上规模最大、技术最为尖端之一的国际性研究项目——国际热核聚变反应堆计划(ITER),以论证和平使用核聚变能源的科学和技术可行性。由于该项目的设施和实验需要巨额投入,因而该项研究必须开展国际合作。如果说热核聚变能源是未来更为清洁能量的来源之一,那么国际热核聚变反应堆计划则代表了该进程的实质性步伐。

在解决问题的过程中加入人的维度

在组织或社团中，人与人之间的社会关系网络是团体进步和信息流动最为重要的因素。自20世纪30年代纸笔（手绘）记录的社会关系网络数据和示意图出现以来，有关的社会关系网络数据和示意图为我们了解人类的行为提供了重要的启示。如今互联网技术和新兴数学网络分析工具的发展已经改变了此类研究。国家科学基金会有关人类与社会互动关系研究的新项目，将加强组织和个人对社会变迁理解的研究，并对它的复杂性结果进行预测。新的研究工具，辅之以先进的时空信息分析技术（如地理信息系统），将为反恐、传染病学、公众安全和教育等作出巨大的贡献。

环境

- 2001年6月，总统颁布了美国气候变迁研究计划（the US Climate Change Research Initiative）。该计划是美国优化科学研究以提高对全球气候变迁理解的新手段。新的美国气候变迁科学项目（CCSP）为该领域的研究制订了战略计划。到2003年7月为止，该项目已同13家联邦科研机构展开了合作，并出版了一份研究愿景和战略计划。该计划针对气候变化和变迁知识的产生及知识的应用等提供了战略。该计划的目标包括：减少大气悬浮物（小颗粒物）对天气产生影响的科学预测中的不确定性；更好地认识地球系统中碳的循环体系；改进气候模型；加强对地球的观测；为决策制订提供更多的科学信息。这一战略计划得到了美国国家科学院的支持。总统在2005年度财政预算中呼吁为这项重要的研究提供近20亿美元的科研经费。

- 国家环境保护署（EPA）和国家卫生研究院下属的国家环境健康科学研究院，正在研究微粒物质在心血管疾病中所起的作用（在美国心血管疾病是死亡的首要原因)。新近的研究显示,空气污染特别是微粒物,可能是导致心脏疾病的原因之一。现在已知的可导致心脏疾病的危险因素有:年龄、生活习惯(吸烟、运动不足和饮食问题)、性别、种族和基因等。新的研究将着重研究空气污染物对心血管系统形成不利影响的机制(该领域目前几乎为一片空白)。研究还将调查和确定相关因素,这些因素导致某些特定人群更容易因空气污染物的感染而患上心血管疾病。此外,这项研究还将促进环境健康研究者和心血管疾病研究者之间的创新合作。

影响

联邦机构呼吁国家科学事业的全部资源和(合适的)国际合作者共同协作,用最为有效和最为适当的方法共同研究当今社会所面临的问题。上述几个例子仅是各联邦机构对政府号召开展的重点优先事项作出回应的几个方面。这些研究活动既可以开发出直接解决问题的具体物质产品(例如新疫苗),也可以产生使决策者和公众能够知晓政策和帮助决策的新知识,它们几乎影响到我们生活的方方面面。

生物测定学

能够根据人的身体和行为特征自动识别个人的方法,对未来联邦运作和商业实践以及加强国家安全具有潜在的巨大价值。为使这一切成为可能,技术的精确度必须伴随我们对能力、局限和社会性等因素理解的深入而提高。通过与国家科技委员会生物测定学工作小组的协调,相关研究机构已经制订和实施了一系列近期和远期发展计划,具体包括:形态学;系统与人类交互界面;联合、测试基础设施和评估以及社会、立法与隐私等。

其中一项初期成果是共同合作制订的一套生物测定程序的标准系统和统计方法,该统计方法可被各联邦机构、产业界和学术界的研究人员共同使用。这一框架即人们所熟知的"生物测定实验环境"(BEE),不仅降低了生物测定的评估成本,也使对实验本身进行描述成为可能，还使得其他研究者复制和分析实验成果成为可能。在所有能力得到论证之后，该计划还将要建立一个"生物测定实验环境"用户群，从而允许更大的科学研究团体能够参与其中，进一步推动项目的发展和实施。

开放一致的标准和相关测试活动，是通过生物测定技术系统建立更高水平的安全防卫系统的关键。当确定选择实施生物测定技术以后，国家标准和技术研究所有责任与美国产业界和其他机构共同合作制订技术标准和编制测试，以确保结果的统一性和高度的精确性。

相关国家机构已经建立了一个生物测定学目录（http://www.biometricscatalog.org），旨在实现信息资源共享。该目录收录了1500余份研究报告，3000篇新近发表的论文和300篇会议论文以及无数的商业产品、评估报告和法律文件等。该资料库是完全公开的，公众可免费使用。

四、投资并加速将科学转化为国家利益的进程

科学转化并非是自动转化为能加强本土安全、刺激经济增长或改善健康条件等问题的解决方案。科学发现或成果并非必然会促进知识转化或产生新技术。当前能引领应用的研究必须以开发为导向，我们必须持续检测现有科学发现的潜在使用价值，从而确保对科学的公共投资获得最大的效益。虽然这是一个复杂的过程，但对我们国家的繁荣和高水平的生活却是不可或缺的。

虽然联邦科学资助的重点在于基础研究和开发，这是联邦政府的天然职责所在，但是我们也必须清醒地认识到基础研究、应用研究、技术发展和知识转化在更大程度上与国家利益息息相关。动态灵活的合作关系是"创新系统"产生新知识产品、技术和工作的力量所在。虽然联邦政府

在促进这一创新系统的许多政策和行动方面(例如税收政策)超越了各个研究机构的范围,但仍有一些科学政策要素和研究计划实施等被纳入了这一蓝图。

政策

为了支持国家的创新系统,刺激经济增长并改善我们生活质量的解决方案的形成,联邦科学政策将:

- 促成广大公共和私人利益相关者与联邦研究机构的持续对话,使联邦所支持的科研项目能有效地代表广泛的利益;
- 继续维持一个强大的研究支持体制,包括对研究者知识产权的保护;
- 建立鼓励创新型小企业和促进就业的机制。

研发新产品和新技术

一些机构的研究项目和跨机构合作,显示了联邦研究机构在研发新产品和新技术以改善生活和促进经济方面的独特作用。

- 美国疾病预防和控制中心(CDC)通过发展生物测定学,提高了追踪人体所散发的化学物的能力,这项技术可直接检测人体内的各种化学物质。相比于过去由数学模型所提供的评估,该技术能对化学对环境的影响作出更为精确、可靠的预测,并为保护人类健康的原理提供了更好的科学基础。2003 年,使用生物测定学技术对美国人口进行大范围评估的研究结果已经出版。此类研究仍将继续,大约每隔两年发布新的人口评估国家研究报告。由于该技术能够识别个体的具体需求,从而使通过基因技术研制的新药物能与个人相匹配,因此生物测定学技术具有广泛的潜在应用价值。

纳米技术中的材料科学

对纳米材料进行研究要求具有在原子和分子(1—100 nm)水平上能对其进行观察、测量和操作的工作能力。换句话说，该原子和分子水平大约相当于人类头发丝直径的十万分之一。纳米研究绝对不仅仅是对微小物质开展研究，也是对新材料、设备和系统等进行研究和开发，它展现了物质新的、非凡的物理学、化学和生物学属性。例如，西北大学的科学家已经研制出一种新的纳米等级的积木块，这些积木块能够自动组合成任何极端微小的球面、管状物和弯曲板状。这一科学发现将最终在纳米电子技术和药物释放系统方面获得重要的作用。由于纳米科学研究所需仪器、设备和设施的成本较高，因此小企业的研究人员和绝大多数学术机构很难参与到这一领域的研究中来。国家标准与技术研究所(NIST)最近建成了世界上技术最为先进的纳米科学研究中心——高级计量实验室(The Advanced Measurement Laboratory)。该实验室将通过运用新的方法，提供更为精确的测量、量化并对重要的工艺和属性进行校准，旨在为产业界的此类研究提供支持。能源部、商务部和国家科学基金会将为在全国范围内的其他纳米科学研发使用中心的发展提供支持，并为其提供进入该领域所必需的基础设施。

共有 10 家联邦机构支持纳米材料的研发工作。

- 提供更为精确的天气预报。通过主要风暴以及如由厄尔尼诺洋流现象所引发的降雨或干旱等的长期趋势的预测，能够挽救生命和减少财产损失。例如，通过对更为精确飓风侵袭的具体路线的预测，可使受灾社区更好地做好灾前准备；通过确认那些非暴风雨途径地区来减少这些地区进行防暴风雨准备的成本。国家航空航天管理局已经研制出新的技术设备和卫星监测设备，从而使收集对气象建模至关重要的数据成为可能。国家海洋及大气管理局(NOAA)已研制出新的气象建模技术，该技术能综合天气、海洋和飓风模型等各方面的重要数据,从而提高了该机构的研究者和全国的气象学者的天气预测能力。

- 对地震早期预警进行的未来研究大有潜力可挖,并且颇具价值。由国家科学基金会、国家地质勘探局(USGS)和国家航空航天管理局赞助的研究,不仅支持对地球结构开展基础性研究,而且支持对地图和其他信息进行研究,从而有助于预测地震发生的脆弱地带,并帮助减轻地震所带来的损失。由国家科学基金会和国家地质勘探局联合资助的南加州地震研究中心(Southern California Earthquake Center)已经研制出一种代表目前最新技术发展水平的可绘制地壳扭曲情况的地图,该地图可直接检测未来可能发生的地震,有助于地震工程师们巩固(建筑物)结构,也有助于保险业进行行业规划。由国家科学基金会资助的地球透镜计划(Earth Scope)将利用一套地球物理感应器网络系统和安置在圣安地列斯断层(San Andreas Fault)地下大约 2.5 英里深处的一个观察站,检测和监控北美大陆板块的地壳运动情况。

绘制三维世界地图

近期,航天飞机雷达制图任务(SRTM)收集了超过 80% 的地表面貌数据,这是有史以来第一次获得近地面高分辨率的地表正面图数据。绘制三维全球地图项目由国家航空航天管理局和国家地理空间情报局首先发起,该项目利用国家航空航天管理局航天飞机上的相关设备,运用"雷达干涉测量"获得相关数据。这些 SRTM 数据经过处理由美国地质勘探局保存,可以满足民用、科学和军用等相关使用者和团体的需要。任何需要有关地形和高度的精确知识的项目,均可从这些数据中获益,如洪水防治、土地保护、人工造林、火山监控、地震研究、冰川漂移监控等等。另外,这些数据的使用价值还包括:改善给排水建模、超仿真飞行模拟、航海安全、合理架设手机基站,甚至包括为背包旅行者提供更好的地图。

加速将研究成果转化为应用的计划

联邦科研制度从及它对基于大学和基于联邦实验室研究的支持，是维持我们国家创新系统，产生新知识，教育新一代科学家、工程师和技能工人的核心。在全国各地设立基于大学和地区的各种研究中心，并为这些中心的科学发现提供适当的法律环境以保护其知识产权，能够激励公司对技术研发进行投资，以此引领地区经济增长。

联邦科研机构与产业界之间的直接联系同样至关重要，并将使双方受益。今年联邦小企业创新研究（Federal Small Business Innovation Research，SBIR）和联邦小企业技术转移（Small Business Technology Transfer，STTR）项目将通过联邦项目向小企业提供 200 亿美元的资助，用于帮助企业家将他们的理想从观念转化为现实。联邦科研机构同样依赖于产业界的科学和技术基地在执行其使命时所作出的贡献。双方通过形成合作关系来达成资助的平衡，从而实现共同的目标。国家经济竞争力需要扎根于地区层面的政府—学术界—产业界之间健康的合作关系，唯有如此才能创造更多的就业机会。保持联邦政府和地方政府的高度一致性，将有助于促进良好的创新氛围并激励企业发展。

虽然国家标准和技术研究所是唯一一个被明确要求与产业界合作以保持美国技术领先的机构，但仍有多个机构正在开展产业界—学术界—政府之间的合作，开展各机构项目并付诸实施，旨在加速将科学成果转化为可用知识，并应用到实践中去的进程。

- 2002 年 1 月，能源部和美国汽车研究委员会（US Council for Automotive Research，该委员会代表戴姆勒克莱斯勒汽车公司、福特汽车公司和美国通用汽车公司）共同宣布进行一项"自由车合作计划"（FreedomCAR，CAR 的含义是 cooperative automotive research 即合作汽车研究）。该计划所提及的目标不仅具有基础性，而且相当引人注目，即合作研制无污染排放小汽车和轻型卡车计划。计划将全面整合能源部的氢能源计划。"自由车合作计划"还将继续开展相关技术方面的研究，比如先进内燃机技术、柴油机散热控制技术、轻质材料技术、混合电气化交通系统技术、高性能电池技术等等,还将在近期内研发既节能又环保的可替代燃料技术。

- 国家卫生研究院正全力实施国家卫生研究院路线图(NIH Roadmap)计划,旨在为优先事项提供一个框架,即强调国家卫生研究院作为一个整体必须致力于将新知识转化为切实可见的实际利益。在路线图制订过程中,国家卫生研究院召集了 300 多名来自国内学界、产业界、政界和公众的知名领导人,旨在鉴别各种交叉研究方法和资源,这些研究方法和资源在超越了任何单一机构范畴的同时又巩固了每一个机构的使命。该路线图包含三大主题,以促进高潜能的研究:一是发现的新途径(New Pathways to Discovery),旨在产生新知识和为 21 世纪的研究者研发更好的"工具箱",该工具箱包括新技术、数据库和其他资源;二是未来的研究团队(Research Teams of the Future),随着研究的规模和复杂性的日益增长,科学家们需要超越他们自身所擅长学科的界限,并为团队科学研究探索新的组织模式;三是临床研究事业的重组(Re-engineering the Clinical Research Enterprise),该研究需要在病人、社区医生、学术研究者三方之间建立新型的合作关系,对临床网络系统进行整合,对各临床研究政策进行协调,加强对临床研究者的专业培训。此外,路线图计划还包括:为高风险/高收益的研究项目设立国家卫生研究院院长先驱奖;培育新型的私营/公众合作关系,促进将科学发现从试验台到临床应用的转变;增强公众对研究进程的参与。

先进科学计算技术和计算机基础设施

无一例外,各联邦机构全都采用世界上最为先进的电脑技术、通讯技术和信息技术,这些最新技术的运用从根本上增强了国家科学研究团体和教育团体的研究能力。研究者通过发达的网络系统连接到先进计算工具中所形成的新性能,大量增加了合作研究项目,

在多个机构和学术单位之间实现资源共享。举例如下:

- 国家科学基金会下属的可扩展式(每秒运算次数达)万亿次计算设备系统(也称 TeraGrid)将是世界上规模最大、最全面的用于开放式科学研究的分布式基础设施。预计到2004 年年底,TeraGrid 将在 5 个站点上拥有 20 万亿次浮点运算(Teraflop,一种监测计算机运算速度的单位)的运算能力。

- 国家卫生院研究院下属的生物医学信息学科研网(BIRN)是全国第一个实现在线研究资源和专业技术共享的测试网络,该网可以为生物科学的基础研究和临床研究提供有效的数据挖掘功能。

- 国土安全部下属的高级科学计算项目将开发出一些新型的基础工具,便于法律实施和情报分析人员能通过运用一种单一的共享的数据观从多重数据库中检索到关键信息。

- 国家环境保护局和能源部已经达成协议,将国家环境保护局在北卡罗来纳州的超级计算机和能源部桑地亚国家实验室的超级计算机连接起来,从而能更好更快地推动双方在计算毒理学和基因组学方面的合作。

- 国土安全部已经成立国家生物安全分析和对策研究中心(NBACC),该中心作为一个整合的、响应生物安全事业的机构,旨在促进本土安全、推动法律实施和提高医学与医疗社团的能力,鉴别、回应、阻止和救治美国所受到的生物威胁。该中心负责对各方面的科学努力进行指导和协调,并通过以下几种方式提高国家应对生物威胁的防御能力:获取更多眼前和未来所面临威胁的信息,理解与这些威胁相关的风险,评估应对这些威胁的方法,并对这些威胁进行辨认分析以理清原因。目前已经规划了一个整合科学、技术和智慧的知识管理系统。

跨学科合作研究为盲者带来新希望

电子技术与生物医学的联姻使人们在治疗（甚至是最难治疗的）疾病方面取得了突破。在这一联姻中，在盲人的眼球中植入一块经过特殊设计的电脑芯片，可以在某种程度上为盲人恢复一定的视觉功能。一些视网膜变质病（如黄斑变性和视网膜色素变性）损害了视网膜中的感光细胞。尽管这些受损细胞已经死亡，但是视网膜内其余的大量神经细胞网络并未受损。科学家现在发明了一种新的装置，称之为人造视网膜（Retinal Prosthesis）。它运用安装在一副眼镜上的摄像机采集视觉信号，然后通过一个植入在患者耳后的接收器将这些采集到的视觉信号传输到依附于视网膜上的眼内晶体电极阵列中。该装置目前是首个此类无线植入式的人造视网膜装置。据一份新近出版的研究报告报道，一位年龄 74 岁，失明 50 余年的患者试用了这种人造视网膜装置，并且参加了一项为期 10 周的视觉测试。在运用这套装置后，该患者能够看到光点和感受到物体的移动，并可识别简单的形状，而离开这套装置的协助，该患者什么也看不到。

由南加利福尼亚大学的研究者研发的该项技术凝聚了众多研究机构多年的研究心血，得到了来自私人和公众的经费资助，包括国家卫生研究院、国家科学基金会、国家能源部、国防部、退伍军人事务部、惠特克基金会（Whitaker Foundation）、美国抗盲基金会和视觉复明器械公司（Second Sight，LLC，也有译作千里眼医疗器械公司）等。

氢燃料电池

美国国家标准和技术研究所是美国唯一一所拥有能够在不损害电池运转的情况下，观察和计量水（氢）在电池中传输情况的设施的机构。掌握这套水传输机制是研制强劲、高效能并可用于商业用途的质子膜燃料电池的几项最为关键的技术之一。在未来，这种质子膜燃料电池几乎能为所有的大到汽车，小到手提设备等装备提供能量。该项目已经引起了美国主要参与燃料电池研究的厂家的兴趣，它也是总统氢燃料计划的重要组成部分。

影响

各联邦研究机构与学术界、产业界合作者有目的地参与研究，刺激了美国经济的增长，加快了新产品和新技术的应用，提高了国家投资的回报。虽然联邦科研资助往往倾向于以发现为导向的研究并关注长期发展，但是这些投资与国民经济之间的相互依存关系意义十分重大，并且关注研发应用将是我们共同的责任。示范项目(例如首批大学研究园区的成立)展现了研究成果及获及的经验在更广范围内被接纳的概念，并在全国范围内产生了极大的影响。

地球两极的科学

从全球气候是如何变化的到古代生命的未知形式，冰雪覆盖下的地球两极蕴藏着无穷的秘密。目前有 12 家美国科研机构资助对北极进行研究；而在南极，所有美国开展的研究活动都被整合到一起，由国家科学基金会统一管理。但无论是北极还是南极，大部分研究均涉及国际合作。

在两极地区开展的一项重点研究项目是理解地区和全球性环境问题和气候变迁之间的关系。近年来，北冰洋地区海冰厚度急剧变薄，并伴随海洋环流随处漂移。研究发现，这一变化与北半球地区持久稳固的大气环流模式的改变有关，该模式可能在调节全球气候中具有重要作用。2004 年 1 月，国家航空航天管理局发射的 ICE 卫星(冰、云和地面)将为与两极研究有关的环境问题提供卫星观测。该卫星观测将提供多年冰层高度数据以检测冰原的质量是否平衡，同时卫星还将提供有关云层的信息，特别是两极上空常见的同温云层。此外，除了提供北极格陵兰岛冰原和南极大冰原的覆盖情况外,卫星观测还将提供地球表面的地形与植被情况的有关资料。

从 2000 年 4 月起,一个由美国国家科学基金会资助的国际研究小组开始了每年一次的北极探险计划,以获取上述因素和其他相关因素的数据资料。他们在北极建立了一些无人居住的科研平台,可笼统称之为北极环境观测站,用以测量该年度其余时间内该处海水的咸度和冰层的厚度与温度。

在地球的另一极南极,2004 年研究者在两处相距数千英里的地方发现了两块不同种类的恐龙化石。这两个种类的恐龙此前在科学上并无记载。这两块恐龙化石的发现前后时间相距不足一周,其中一块是早期的植食类恐龙化石,这种恐龙可能比另外一种肉食类恐龙的存在时间早数百万年。

五、实现科学和技术教育及 劳动力发展的卓越

科学教育、技术教育、工程教育、数学教育以及培养预备劳动力是政府优先发展的五项工作。拥有一支强大的科技(S & T)劳动力大军是维持和推动我国经济发展及实现政府强有力经济增长目标的必要保障。继续开展国际学生交换和访问者服务项目,加强国际合作、保持研究团队的活力并培育更具灵活性的全球化劳动力。

科学和技术方面的准备推动了职业的多样性发展,这类职业超越了我们所认为的"传统"科学和技术职业范畴,比如专利法、教育、新闻业、企业家、政策与外交等方面的职业。在今天,《财富》杂志 500 强公司的首席执行官(CEO)中,有 55% 具有科学和技术方面的受教育背景。普通公民在其一生中需要具备基础数学、科学和技术方面的技能,并能够理解当今世界话题背后所包含的科学。教育正变得日益重要,因而我们必须同时

在多个方面连接这些挑战。

政策

致力于教育和劳动力发展方面的政策包括:

- 在高等教育与中小学教育之间提供更好的衔接,以丰富和强化学科内容;
- 为寻求接受科学技术教育的全体美国公民提供更为便捷的教育,尤其是为妇女和那些未被充分代表的少数族裔减少障碍;
- 继续开展至关重要的国际人才交换项目,充分利用全世界范围内的科学和技术人才,同时确保所涉及的安全问题得到保障。

新一轮教育研究

作为《2002 年教育科学改革法》(Education Sciences Reform Act of 2002)的一部分,教育部所创立的教育科学研究所(Institute of Education Sciences,IES)的产生源于政策制订者们的共识,即教育实践和研究难以满足改革的需要。1999 年,国家研究委员会(National Research Council)得出结论:"教育世界的复杂性(与国防、医疗卫生保健或产业界生产等不同)并不依赖于强大的研究基础。没有哪一个领域像教育一样,在政策制订中如此依赖于个人的经验和意识形态,也没有哪一个领域像教育一样,其研究基础如此不足并几乎无用。"教育科学研究所的使命是致力于对提高了学业成就的各种实践研究及教育项目和政策的有效性进行严谨的研究。

教育科学研究所正寻求一种可将新一轮教育研究带入课堂的研究,以改善数学教育和科学教育。研究者正在评估数个项目:一项基于计算机的旨在促进几何学习的教学项目,一项基于互联网技术的初中数学教师的教师专业发展项目,以及一项基于网页的面向初中学生的科学课程。另一个团队正在研发一套通过计算机向学生提供数学辅导帮助的系统,该系统同时收集有关学生已有数学知识的评估数据,从而有助于教师的课程规划与决策。

教育科学研究所还将为数学与科学方面的基础研究提供经费资助。研究者们正在开展多方面的研究,例如儿童是如何学习数学符号的?何种记忆机制影响了小学儿童数学问题解决的准确性?等等。

通过跨机构间的教育研究计划(IERI),教育科学研究所和国家卫生研究院下属的国家儿童健康和人类发展研究所以及国家科学基金会合作,以鉴别在实验室中取得成功的新教育技术在更广的范围内加以推广应用还需具备哪些条件。通过教育研究计划,这些机构还可以研究学习技术进步所产生的影响。

吸引学校和科学社团的参与

促进教育事业发展的一个关键因素就是保证学生的顺利成长,以使他们立志于从事科学和技术领域的学习和工作。学校和教师的不懈努力及师资培训的改善,均有助于使学生们较早地对科学产生兴趣。培养学生对数学和科学的早期兴趣,可帮助学生做好上大学的准备,或者可以帮助他们提高作为科技劳动力的能力。2001 年,布什总统在其颁布的《不让一个儿童落后法》中指出:要为所有教室配备有知识和有经验的教师,每隔一段时间要对学生的进步情况进行评估,将灵活性与问责制联合起来从而使联邦经费的使用达至最优化。为培养具有数学和科学素养的新一代美国公民,政府已颁布了一项主要的、为期五年的《数学和科学计划》(Mathematics and Science Initiative),旨在提高数学和科学方面的成绩。这项计划关注于三大目标:1)使公众认识到对全体儿童进行更好的数学和科学教育的必要性;2)发起一项招聘、培养、培训和留住具有较强数学和科学教育背景的教师的运动;3)建立一个研究基地以改善我们的认识,即推进儿童在数学和科学方面的学习的因素有哪些? 在 2003 年 2 月和

2004 年 3 月,由教育部长发起的两次数学与科学教育峰会启动了这项计划并制订了该计划的主要部分。

学生有必要接触尽可能多的科学社团。我们需要意识到科学紧密地联系着当今的问题,从而来维持我们下一代为从事科学和技术职业,或仅仅作为好公民参与影响其生活质量的各种决定做好准备的兴趣。然而不幸的是,我们在这方面面临很大的挑战。根据国家科学基金会 2002 年的报道,70%的美国人对科学进步缺乏基本的了解,绝大多数人并没有意识到他们对科学与技术问题的认识是不足的。(绝大多数美国人、加拿大人和欧洲人都错误地认为以下说法是正确的:普通西红柿不包含基因,而转基因西红柿则包含基因。)随着基于复杂科学发现的新技术的不断出现,提升普通美国人的全面科学素养显得愈发重要,比如纳米技术和生物技术,这些技术已经进入市场并成为社会和政治辩论的主题。

吸引并留住人才

自 1998 年以来,全世界的博士总数达到历史最高水平,然而科学和工程领域的博士数却显著回落,只及 1994 年前后的水平。对科学和技术类职业兴趣的降低(它几乎体现在所有层面),对于妇女和那些未被充分代表的少数族裔来说是个特别重要的问题。妇女占到了所有劳动力总数的 46%,但科学和工程类职业中妇女仅占 23%。在九年级阶段,年轻女性对于科学和技术类职业所表现出的兴趣几乎和同阶段的男性一样高,然而在兴趣的保持率上却要低得多。非裔美国人、西语裔美国人和土著美国人占到美国人口总数的 24%,然而这些人中仅有 7%的人从事科学和工程类职业。他们在科学与技术教育项目的巩固率方面也显著低于白人和亚裔同伴。不论是妇女还是少数族裔,均应被不断招募进来以学习科学和技术方面的学术类教育项目,这些教育项目应该得到支持,直到能够在数量上取得平衡。

在招募和留住人才方面,应鼓励大学和学院奖励那些开展教育活动和研究工作的教师,鼓励招募教师和支持多样化的教师队伍,以指导和鼓励多样化的学生群体。除此之外,联邦机构应当继续确保他们的各种计划能提高技术劳动力的培训,确保能搞好本科生、研究生的科学和工程教育并提供研究指导机会。

另外,我们还必须开展至关重要的科学家和学生的国际交流项目,以促进一种颇富生产力和国际化的科学团体及加强国际合作,这些访问科学家和学生极大地丰富了美国的科学研究事业。尽管我们必须采取充分的国家和本土安全措施并保护好那些独有的敏感性知识,但是我们也必须确保这些措施并不阻碍能使我们受益的全球性科学研究合作。这一正在发生的挑战需要给予持续的关注。

理解语言和学习

人类语言和学习方面的众多突破横跨古今。美国科学基金会资助的研究发现,新世界(The New World)时期的书写形式被认为是人类最早的书写形式。这项研究显示:由奥尔麦克人(1200BC—600AD,他们被称之为"墨西哥文明的母亲")所使用的用于交流的书写方式,后来演变成为好几种其他文明的书写方式。理解书面语言的历史发展,是我们理解学习过程的工具之一。其他研究则采用现代实验技术,如由美国能源部和国家卫生研究院联合资助的大脑成像研究。这些研究的开展以及由理论驱动的相关认知研究,均为我们的教育政策提供了借鉴。我们需要进一步理解人是如何获取及组织新知识和新技能的。

协调各种教育项目

联邦机构在协调教育项目、劳动力问题与科学交流项目中所采取的行动案例如下:

- 联邦机构与国家科学和技术委员会下属的教育与劳动力发展分委员会要共同工作,以确保他们的项目能够支持不同层面的教育研究,并能与社会的需求达成统一。通过该分委员会,各联邦机构与教育部一起协调根据 2001 年《不让一个儿童落后法》所实施的各项研究项目。该分委员会还负责处理与未来科技劳动力需求规划相关的问题,包括特殊领域(如纳米技术)的增长计划。为了给该分委员会提供更多的信息,科学技术政策办公室(OSTP)资助开展了一次工作坊,旨在鉴别和决策如何填补数字鸿沟,使研究者与产业部门能在以下方面达成更好的协议:未来的要求是什么及如何改善教育以及培训方面的投资规划。这个工作坊汇集了研究科学劳动力方面的经济学家、各联邦研究机构的代表和那些采集劳动力数据和制订需求计划的人。

实施各种 K - 12 教育计划和面向本科教育及研究生教育的项目,如总统数学和科学学者基金 (Presidential Math and Science Scholars Fund)。面向 21 世纪的总统岗位计划(*the President's Jobs for the 21st Century Initiative*)将在 2005 年提供 5 亿多美元的资金,使高中学生和劳动力能更好地为未来的高技能、高收入岗位做好准备。这一计划还包括一项用于社区学院为那些新岗位增加最多的产业部门培训劳动力的 2.5 亿美元的计划。这一计划的实施是以政府高增长就业培训计划 (*Administration's High-Growth Job training initiative*)为基础的。

- 劳动力就业和培训管理司(Department of Labor's Employment and Training Administration)下属的宇航工作者跨组织特别工作小组(The Aerospace Workforce Interagency Task Force)致力于迎战宇航部门在科学和工程技术方面所面临的主要挑战。参与机构包括:商务部、国防部、教育部、劳动部和交通部,以及国家科学基金会、国家航空航天管理局、联邦政府管理与预算办公室 (OMB)、科学与技术政策办公室(OSTP)等。总统(领导的) 美国宇航工业之未来委员会(President's Commission on the Future of the United States Aerospace Industry)建议成立一个跨机构特别工作组以制订一项国家策略。该策略将公众的注意力吸引到宇航事业的重要性和发展时机上来,并确保各参与机构之间的有机协调与资源共享。特别工作组将促进可复制模式的解决方案的制订,并确保就宇航劳动力问题从重点的教育、培训、经济发展和产业主顾等合作者中及进行合适的购买。这些合作者还将带来政治的、技术的和学科内容方面的专业技术,从而来帮助开发宇航劳动力和满足产业需求。

- 2001 年 9·11 袭击事件发生以后,科技政策办公室和国土安全部达成协议,共同领导一个跨机构工作小组,对访问学者和科学家的政策进行审议并向总统提出建议,寻求最适当的方式加强国土安全,而又不阻碍合法的国际科学交流。这一讨论的结果是制订了一项跨机构政策,即对个案采取逐个分析的政策,以确保任何国际学生都无法接触到那些美国独有的保密知识,或那些日后可能导致恐怖分子用以袭击美国或其同盟国的培训。跨机构商讨的最佳实施方案已经公布,监控国际访问者的安全程序也已经付诸实施。各机构将继续合作并作为一个更为宽泛的框架的一部分以支持持续的科学交流,并减少那些对美国国家和领土安全并无威胁的绝大部分访问学者和科学家的通行限制。

- 通过科技政策办公室,各联邦机构在许多事务和奖励方面将继续开展合作,以提高透明度,并对数学教育、科学教育、技术教育与职业之间关系的重要性进行沟通。2001 年,科技政策办公室发起并指导了一项名为全球科学与技术周(Global Science and Technology week)的科学和技术推广活动:该项活动现已成为一年一度的固定活动,并易名为科学技术和数学教育卓越周(Excellence in Science Technology and Mathematics Education Week)。这一活动汇集了众多科学机构、科学博物馆、专业协会和教育社团,由它们为教师和学生举办各种活动。三项具有很高声望的奖项与这些机构有联系,用于表彰学术指导者教师和青年杰出成就者的贡献。它们分别是:科学、数学和工程学卓越学术指导总统奖(the Presidential Award for Excellence in Science,

Math，and Engineering Mentoring），科学和数学卓越教学总统奖
(the Presidential Award for Excellence in Math and Science Teaching)，
科学家和工程师总统青年成就奖(the Presidential Early Career
Award for Scientists and Engineers)。

数学和科学合作伙伴计划

数学和科学合作伙伴计划（MSP）致力于迎接总统的挑战（在
2001 年《不让一个儿童落后法》中有清晰表述），旨在加强 K-12 阶
段的科学与数学教育。数学和科学合作伙伴计划支持将地方学区
与高校中数学、科学和工程学方面的教师联合起来的合作。2003
年，在全美国和波多黎各地区的学校中，数学和科学合作伙伴计划
的资助直接影响了约 285 万名学生，涵盖了在城市、农村、郊区和部
落国民学校中学习的学生。

数学和科学合作伙伴计划由美国教育部和国家科学基金会共
同资助，有三大组成部分：开展综合性的、有针对性的项目；研究、评
估和技术援助；教师参与 21 世纪教师学院，以为本校和地方学区提
供智力领导。众多受数学和科学合作伙伴计划资助的项目有助于
形成一个 MSP 的学习网络。该网络由研究者和实践者组成，共同
研究和评估那些富有前景的学习策略，而这些策略则有助于提高
K-12 年级学生和其他学生在数学和科学方面的学习成绩。

培养明日科学家

联邦机构正在与教育团体开展合作，以提高科学和技术教育项目，并
培养下一代科技劳动力和教育专业人员：

- 新的国土安全部学者和研究员计划（DHS Scholars and Fellows
  Program）面向研究生和本科生，努力培养更多与安全问题相关的

有专业技术的学者。国土安全部将为本科学生提供勤工助学奖学金（scholarships），为研究生们提供研究奖学金（fellowships）。这些学生将在与安全任务相关的领域攻读学位，如工程学、信息技术、计算机科学、数学、社会和经济科学、物理科学等。这些学生还可得到专业上的指导和暑期实习的机会，以帮助他们将个人的学术追求与国土安全的国家目标与计划联系起来。第一期 50 名享有勤工助学奖学金的本科生和 50 名享有研究奖学金的研究生即将完成他们的第一个学年。第二期 100 名享有勤工助学奖学金的本科生和研究奖学金的研究生从 2004 年 9 月开始接受资助。

● 美国退伍军人事务部研究和开发办公室为 200 多名科学家在其研究职业生涯的早期提供过资助。该职业发展项目为研究者提供薪水和研究经费，当他们与有经验的导师们一起工作时，有助于他们开展研究或者接受特殊的培训。职业发展奖有助于吸纳有天赋的研究人才，这些人才对保持和提升研究事业的能力和活力尤为重要。该奖项面向退伍军人事务部的全部四大领域提供资助：生物医药、临床医学、康复医疗和健康服务。

● 美国国防部和国家科学基金会共同合作，推动它们的一项成功计划：通过对国防事业具有重要意义的学科提供额外支持，为本科生提供研究经历（Research Experiences for Undergraduates，REU）。该项目使学生能更早地亲身参与研究过程，将他们的学业带入到能品尝科学发现喜悦的生活当中。

● 美国能源部科学办公室下属的实验室科学教师专业发展项目（Laboratory Science Teachers Professional Development Program）旨在从优秀的数学和科学教师中培养一批领导人员，作为地方和地区性教师团体实施积极变革的领导者和行动者。这项为期三年的计划将启用美国能源部国家实验室的大量指导人员，对这些接受培训的教师加以指导并丰富他们对科学和技术世界的理解。通过这项计划活动，将在这些接受培训的教师和指导他们的科学家及教学的同事之间建立长期的联系。当这些教师重返学校课堂后,他们将继续得到这些科学家们的指导。

让科学进入生活

自 2003 年 6 月以来,来自 50 个不同地区、服务较差学校的学生、行政人员和教师们加入了国家航空航天管理局(NASA)一项为期三年的合作项目,以促进科学、数学、技术应用和职业探索。NASA 探险家学校(NES)计划为这些 4—9 年级的教师和学校行政人员提供参与专业发展和教育活动的机会,活动将使用 NASA 独有的内容、专家和资源。在合作期间,参与学校团队将获得 NASA 的拨款资助,以支持学校通过整合各种技术来促进学生参与科学和数学。2004 年 5 月,每支参与该计划的学校团队派出一位教师和两位学生代表,参加在 NASA 肯尼迪航天中心举行的 NASA 探险家学校学生研讨会(NES Student Symposium),以报告该项目第一年在他们各自学校科学和数学研究方面的发现。

影响

接受充分的数学和科学教育对我们全体公民来说正变得日益重要。为了培养未来高技能科学和技术劳动力,我们需要建立强大的培训计划,因此我们必须吸引多元人才,这些人才将由于国际性合作和人才交流计划的推行而焕发生机。通过上述计划及其他教育和劳动力培养活动,联邦研究机构正积极参与,以确保国家在研发方面继续处于世界领导地位,并确保国家利益来自于每一名高技能劳动力和尽职的公民。

六、共 享 愿 景

我们已经概括出联邦的四大科学职责:如何保障基础研究的多样性、科学如何迎接社会所面临的紧迫挑战、如何将科学转化为具体的国家利益以及如何对下一代实施数学和科学方面的教育。我们已经探讨了致力于落实这些职责所应采取的一些政策,展示了一系列已经取得的成就和一些正在开展的活动,它们一起为 21 世纪的科学确定了联邦议程。清晰的联邦议程非常重要,这是因为科学是国家事业至关重要的因素。这一事业将确保我们国家未来的安全、繁荣、健康和生活质量。

国家优先发展事项

科学一直是国家的优先发展事项。自二战以来,联邦研究事业热衷于开展无党派支持的研究,这些科学研究所带来的益处广为人知。尽管我们并不能预测科学探索将会为我们带来何种具体结果,但我们确信这些研究将最终带来有价值的成果。我们还将参与致力于迎接国家所面临的具体挑战的科学研究,寻找可加速将科学转化为产品和应用的方法。联邦研究项目为年轻的科学家和教育者提供了教育机遇与灵感,而这些人将有助于形成我们的未来。

当前,对交叉学科领域中具有巨大潜能的发现和对大规模投资的要求,将高收益回报置于我们共同致力的优先发展事项之中。联邦科学事业,辅之以美国学术界与产业界的庞大国家资源,代表了信息、能力与基础设施的巨大储藏库。合作规划、培养现有的无论是国内的还是国际的合作关系和形成新的此类合作关系,必须是我们持续的优先发展事项。

我们未来的挑战

我们所面临的挑战和机遇在某些方面是我们所处时代使命的反映,而另一方面这种挑战和机遇是永恒的。从成败中学习,促进了我们的战略发展,继而促进了我们的进步。在 21 世纪,犹如过去一样,我们召集科学界中的最佳人才去迎接挑战、考量我们的能力、评估面对的机遇,并绘制出一条最理想的发展道路。当我们迈向未来,国际性和跨政府性的合作与交流将变得日益重要。本篇报告中所提及的职责、政策与项目计划是这一持续过程中的重要组成要素,以保证联邦科学事业的发展能与科学的机遇和全球的现实相一致。

我们已经陈述了联邦研究事业的主要职责，并且详述了我们肩负这些职责的具体进程。我们正挑战自我，以推进全部学科中的科学前沿不断向前发展，并积极追求可迎接这些社会挑战的科学知识。只要我们加入由科学界、商界领袖、决策者和广大公众组成的共同体，致力于解决重大问题，凝聚热情并对 21 世纪怀抱梦想，我们相信，为国家科学事业奋斗的愿景将激励我们继续对科学研究进行公共投资。

第五章[①]

创新议程:
致力于保持美国第一的竞争力

　　美国人民的才干、智力和企业家精神(entrepreneurial spirit)使得美国在经济和技术进步方面处于领导地位。众议院民主党认为,对受过教育且有技能的劳动力的政府投入、由公立和私营部门进行的开拓性的联邦研发,以及成为世界上最具竞争力和创新性国家的坚定决心,保障着美国的领导地位。美国在技术进步和创新方面的全球领导地位,正受到其他国家的严峻挑战。这种警告性征兆再清晰不过了。世界其他国家正在提升能力、增加投入和加大决心以赶超我们。我们不能忽视这种挑战。为了创造繁荣的工业以在国内提供数百万的良好工作机会,并为我们的儿童创造一个更美好的未来,美国人必须致力于创新。团结起来,美国能够做得更好!

　　我们必须现在就作出决定来确保美国保持其在世界的领导地位。与来自高新技术、风险资本、生物技术、无线通讯及学术界等领域的领袖们一起,我们甄别出那些将保障我们国家的安全和繁荣,拓展美国产品的市场并在世界上立于经济领导地位的优先事项,然后致力于落实这些事项。

---

　　① House Democrats (2005), Innovation Agenda: *A Commitment to Competitiveness to Keep America* #1, http://www.housedemocrate.gov

众议院民主党自豪地提出一份大胆的《创新议程：致力于保持美国第一的竞争力》，以便：

- 在科学、数学、工程和信息技术等关键领域培养一支受过良好教育且有技能的劳动力队伍；
- 投资于持续的联邦研究和开发计划，以促进公立—私营部门间的伙伴合作关系；
- 保证所有美国人都用得起宽带；
- 通过开发清洁、可持续的替代能源的新技术以在 10 年内实现能源自主，这会提升国家安全并保护环境；
- 为小企业提供各种支持来鼓励企业创新并创造工作岗位。

美国的未来繁荣和竞争力要求我们在创新方面启动持续的财政投入和智力投资。我们还必须确保我们儿辈和孙辈的孩子们不会因已经增加了国家债务的失败政策而背上包袱。这就是为什么众议院民主党将这些优先事项纳入到"你做就支付"（pay-as-you-go）的精确预算中，以确保新的花费或减税不会增加赤字。

众议院民主党认为，美国人民在领导世界中总能实现超越。由于拥有这一大胆的议程，我们的国家将在教育、创新和经济增长方面继续成为世界的领袖。

创造科学家、工程师和数学家的新一代

一、新一代创新者

美国创新的最大资源存在于全国各地的课堂中。我们必须给学生们以更多的机会让他们在数学、科学和技术领域受到良好的培训，这样他们就能将各种想法转变为创新。未来的创新必须反映出我们国家的多样性,而且我们必须为包括少数族裔和女性在内的每一个合格学生提供各种机会。民主党将创造一个科学家、工程师和数学家的新一代,并确保今天的学生在学习的各个阶段获得他们所需要的工作技能。

为了实现这一目标,民主党将:

- 通过提出一份与各州、企业界和大学合作的新计划以向合格的、承诺将在创新领域工作的学生提供奖学金,从而实现在未来 4 年中培养 10 万名新的科学家、工程师和数学家的目标。
- 通过向有能力的本科生提供最高的学费资助,并向已在数学和科学学科任教的教师支付具有竞争力的薪水,使每一个 K - 12 年级的数学和科学学科课堂拥有相当数量的合格教师;向专业的工程师和科学家(包括已退休人员)发出加入我们国家教师行列的"行动呼吁"(call to action)。
- 对学习数学、科学、技术和工程学科的大学生实行学费扣税政策。

促进公立—私营部门间的伙伴合作

二、持续地致力于研究和开发

独立的科学研究提供了创新和未来技术的基础。但美国对研究和开发的联邦资助在过去 10 年中连续下降,合理的科学研究却因为政治干涉而妥协。事实上我们能够做得更好。在未来 5 年中,民主党将使联邦对下一代突破性的科学研究的资助翻一番。我们还将促进公立—私营部门间的合作伙伴关系,这对于将新思想转变为市场所需的技术是必要的。

为了实现这一目标,民主党将:

- 对国家科学基金会、所有机构以及合作的研究伙伴中物理科学基础研究的资助翻一番;恢复国防高级研究计划局(Defense Advanced Research Projects Agency,DARPA)中基础性的、长期的研究议程,以进行高风险和高回报的长期研究。

- 为基础研究创设地区性的优异中心(Centers of Excellence)以吸引最优秀的思想者和顶级研究者来开发具有深远影响的技术创新和新型工业,并使现有的联邦和学术机构的研究设施现代化。

- 永久性地延长具有全球竞争力的研究和开发的课税免除政策并使其现代化,以便增加国内投入,在美国创造更多的工作岗位并让公司确信课税免除不会终止而开展长期的研究项目。

架构消除数字鸿沟的桥梁

三、五年内使普通美国人用得起宽带

在全国范围架设高速、始终在线的宽带因特网和移动通讯设施,这将促进美国开发数百万新的工作岗位。就像过去的铁路和高速公路建设一样,宽带和移动通讯在未来将极大地提高我们的生产力和经济效率。在教育领域,宽带将为接触信息、拓展课程和适时地跨界合作提供更多的机会。在医疗保健领域,宽带将使先进的电子医疗技术能够改善对病人的护理并极大地减少费用。在通讯领域,宽带将使信息、传媒和无线通讯的整合成为现实,诸如 IP 电话和视频点播之类的服务将进一步普及。民主党将确保美国拥有世界上最先进的无线通讯基础设施来消除数字鸿沟。这样,每一个美国人都用得起宽带因特网服务和通讯技术。

为了实现这一目标,民主党将:

- 实施一项国家宽带政策,使联邦资助翻倍以促进宽带接入面向全体美国人,尤其是那些农村社区和宽带服务尚未覆盖的社区中的

美国人。创造新的因特网接入途径，包括无线宽带技术、通过电力
线路接入的宽带，以及以社区为基础的、普通人都用得起的多种选
择方案。

- 确保持续发展基于因特网的服务，并提供一种能吸引现有供应商
  和新的进入者进行投资的稳定的协调机制。
- 对那些在美国农村社区和服务尚未覆盖的社区铺设宽带设施的电
  讯公司实施宽带课税免除政策，以确保我们国家的每一个区域都
  能从创新性投资中获益。

清洁的、可持续的能源选择办法

四、十年内实现能源独立

美国将在未来十年中通过开发一些能与现存的能源基础设施配合
使用的创新技术，以从中东石油中实现能源独立。对于创造尖端技术
来说，对研究和开发的持续投入是至关重要的，因为这些技术能使我们
开发出清洁的、可持续的替代性能源并利用好美国大量可再新的自然
资源。

为了实现这一目标，民主党将：

- 通过迅速扩大生产并销售合成燃料生物燃料（如从含有纤维质的
  原料中提炼乙醇），充分地减少使用基于石油的燃料；为多燃料的、
  混合燃料的、嵌入式混合燃料的（plug-in hybrid）、生物柴油的
  （biodiesel）汽车配置新的引擎技术。
- 在能源部创设类似于国防高级研究计划局（DARPA）的机构，为开
  发高风险和高回报技术所需要的基础研究提供资金，以满足诸如
  生物技术、纳米技术、太阳能和燃料电池之类新一代革命性能源技
  术的开发和开拓市场的需要。

奖赏高风险

五、为小企业创设竞争性的创新环境

小企业是技术创新的催化剂。成功的小企业引领着从一个创新想法到市场产品的演进。这推动着技术革命并从而带来企业的成功,而且还将是未来持续增加工作岗位的关键。另一方面,小企业面临着各种行政的和市场的巨大障碍,从而阻碍了把创新想法转化为工作岗位的诸多努力。消除这些障碍是本《创新议程》的一个重要组成部分。

为了实现这一目标,民主党将:

- 通过资助制造业扩展合作计划(Manufacturing Extension Partnership,MEP)和高级技术计划(Advanced Technology Program,ATP)的资金翻倍,促使小企业创新研究计划(Small Business Innovation Research Program,SBIR)现代化,以及向"小企业管理局(a)贷款计划"提供全额贷款等措施,确保小企业能获得成功进行创新所需的足够资源和技术支持,帮助企业渡过能将创新思想在转化为市场产品之前的"死亡谷"阶段。
- 为普通员工提供基础广泛的股权作为其愿意承担风险和企业家精神的回报。
- 在世界范围内保护美国创新者的知识产权,加强专利制度并终止专利费的转移。
- 要求为公立小型公司提供合适的具体指导,以确保萨班斯-奥克斯利(Sarbanes-Oxley)法案的要求不会成为过度的负担。
- 提供普遍的、负担得起的医疗保险,这应开始于50%的课税免除和由多家保险公司组成共保集团(multi-insuer pools)来帮助小企业向其雇员提供医疗保险。

民主党向国会提交这份具有挑战性的议程。让我们共同行动来实施这一《创新议程：致力于保持美国第一的竞争力》。

美国将更为强大。我们断言我们拥有全球经济领导地位，我们创造新的风险企业和工作岗位，并向所有美国人提供实现美国梦的机会。

第六章[①]

美国竞争力计划：
在创新中领导世界

我亲爱的美国同胞们：

美国经济持续发展，其强大动力之一是我们国家的创新能力（capacity to innovate）。通过对科学和技术的投资，美国经济已经发生了翻天覆地的变化，并促进了全球经济更好地发展。私营和公共部门中创新型人才所产生的奇思妙想，目前已经获得了巨大效益，改善和提高了数代美国人的生活水准。

为了稳固我们的成功并保持美国在科学和技术领域的领导地位，在此，我欣喜之至地向各位宣布《美国竞争力计划》。《美国竞争力计划》将在 2007 年财政年度投入 59 亿美元，加大研究和开发力度，加强教育和鼓励企业家精神。《美国竞争力计划》还预想在未来的 10 年中，投入 500 亿美元以增加研究基金，860 亿美元的税收优惠以体现对研发的政策倾斜。联邦政府对研发的投资证实：形成新的知识和新的工具以保持美国经济的强盛是非常重要的，因为新技术的发展得益于这些新的知识和新的工具。我在 2007 年度财政预算中提议，投入 1 370 亿美元用于实施联邦研发，这与 2001 年的水平相比增幅超过 50%。这些新增的联邦资金绝大多数用于生物医学研究和先进安全技术的开发，以使我们能改善公民健

① Domestic Policy Council Office of Science and Technology Policy (2006), *American Competitiveness Initiative*: *Leading the World in Innovation*, http://www. whilehouse. gov/ stateoftheunion/2006/aci/acio6_booklet.pdf

康并增强国家安全。我们明白，如果其他国家的经济稳固发展并在技术方面比我们发展得更为先进，美国必将面临一系列新的挑战。为了确保美国在世界上持久的领导地位，我们打算加大一些新投资以创建新记录——特别是在物理科学和工程领域。这些领域的进步将会在未来数十年中推动科学和技术的发现及发明。

美国竞争力的基础在于拥有一支受过良好教育且技能娴熟的劳动者队伍。教育一直以来就是实现美国梦（American Dream）的基本要素，《不让一个儿童落后法》有助于确保每个学生都能受到高质量的教育。问责制和高标准已在课堂教学中产生了积极效果，我们可以为美国学生和工人提供更多的技能和培训机会，使他们能够与全世界最优秀、最聪慧的人士进行竞争。另外，在先前成功的基础上，《美国竞争力计划》增强了对教师专业发展的资助，吸引新教师迈入课堂，开发基于研究的课程，并为教师培训提供多种弹性资源。

在增加研发投入，加强教育并为员工提供更多弹性培训的同时，我国还将继续保持较低的税率，避免不必要的繁杂规章，促进自由公平的贸易，保持我国市场的完整性，并鼓励企业家精神。在过去的五年里，我国政府已通过降低税率来创造更多的就业机会，为美国的产品和服务开辟新市场，为私营部门的创新设立激励机制，并保护知识产权。

美国经济实力雄厚并将日益强盛。2007 年度财政预算认识到创新对于美国未来经济发展的重要性，即创新将会推动美国经济的协调发展并使世界为之侧目。在加强私营部门、州和地方政府以及学院和大学伙伴之间合作的过程中，《美国竞争力计划》将促使教育成就和经济生产力达到新水平。在正确的政策指引下，我们将保持美国的竞争优势，创造更多的就业机会，并为子孙后代提高生活质量和生活水准。

乔治·W. 布什
白宫
2006 年 2 月 2 日

一、概　　要

为保持美国在世界经济竞争中的优势,我们非常有必要采取措施,为持续保持美国在创新、探究和独创中的领导地位奠定基础。美国的经济强势地位和国际领导地位在很大程度上依赖于创新能力,即形成和利用科技最新发展成果,并将其应用于现实世界中的能力。而这些实际的应用靠如下因素来推动:**科学研究**——该类研究所产生的新思想和新工具可为以后的产品、服务和经营方法奠定基础;**强大的教育体系**——该体系使我们的劳动者具备将新思想转化为产品和服务所必需的技能,这些产品和服务又进一步改善了我们的生活,此外这一教育体系还为我国培养未来的研究者;**良好的环境**——该环境鼓励人们具有企业家精神、风险意识和创造性思维。《美国竞争力计划》给予公民实现其最大潜能所必需的工具,这将有助于确保后世各代拥有一个更加光明的未来。

> 政府的角色不是创造财富,而是营造一种企业家能够不断涌现的环境,一种思维能够不断扩展的环境,一种技术能够不断达致新高度的环境。
>
> ——乔治·W.布什总统,2001 年 5 月

持续不断的科学进步和创新是保持美国竞争优势的关键所在,它有赖于一系列相关投资和政策的支持,具体包括:

- 联邦对前沿基础研究的投入。这些研究的质量能够明确检测,并且使基础研究侧重于产生具有重大市场价值的技术、技巧的发现。
- 联邦对科学设备的投入(这些设施设备能够产生新的发现和发明),特别是那些独一无二的、贵重的或大型的设备,这是个别企业所无法做到的。
- 贯穿整个中等教育的教育体系。该体系使每个学习者都能掌握科学

学科方面继续学习和探究的知识基础，并能不断激发和保持其兴趣。

- 高等教育机构。为美国学生提供接受世界一流教育的途径，以及在数学、科学、工程和技术等领域的研究机会。

- 劳动力培训系统。该系统能为更多劳动者提供培训及其他服务的机会，这将有助于提高劳动者的技能并使他们在 21 世纪更具竞争力。

- 移民政策。将继续吸引全世界最杰出、最聪慧的科学人才迈入美国，与美国最杰出、最聪慧的科学家并肩奋斗。

- 研发领域的个人投资。这将有利于科研成果转化为有用的、极具市场潜力的技术和技能。

- 保护知识产权的有效体系。这些产权源自公共部门或个人对研究的投资。

- 商业环境。该环境通过自由而富有弹性的劳动力、资本和能快速传播新生产技术的产品市场，刺激并鼓励企业家精神。

联邦政府对研究和开发（以下简称"研发"）的投资是《美国竞争力计划》的一个重要组成部分。由布什总统经手的研发投资将达 1 370 亿美元，与 2001 年相比，增幅超过 50%，这是自 20 世纪 60 年代阿波罗载人登月计划以来的最高增长。与此同时，在过去五年中，布什和国会对 K - 12 年级（即幼儿园到 12 年级）的投资也呈现历史性的增长，并且已经作为《不让一个儿童落后法》的重要组成部分，成功地在政策上实现了变革。

《美国竞争力计划》的目标：

√ 批准 300 所学校实施基于研究的数学课程

√ 为 10 000 多名科学家、学生、博士后和技术人员提供致力于创新型事业的机会

√ 到 2015 年实现培养 10 万名高素质的数学和科学教师的目标

√ 让 70 万名低收入家庭的学生通过进阶先修（Advanced Placement）课程考试

√ 使 80 万名工人能掌握 21 世纪工作的必备技能

政府关于这些方面的相关政策和投资集中体现了国家对充满活力之科学和技术事业的需求，正如国家科学和技术委员会（NSTC）2004 年《为了21 世纪的科学》（*Science for the 21ˢᵗ Century*）的报告以及总统 2004 年制定的《新一轮美国创新》计划所指出的那样，国家将加大对科技创新的投入。

认识到科学和技术对于美国保持长期竞争力的重要意义，同时也为了稳固先前的努力成果，布什总统于 2006 年 1 月 31 日发表国情咨文，宣布了《美国竞争力计划》这一战略性的长期计划，试图通过继续保持美国在科技方面的领先地位，保障美国的强大和安全。

用于《美国竞争力计划》的 59 亿美元包括新的 13 亿美元的联邦基金以及在研发方面 46 亿美元的税收优惠。具体是指：

- 对物理科学和工程学等高水平创新领域的投资将在十年时间内翻一番，包括：国家科学基金会、能源部科学办公室、商务部国家标准与技术研究所。
- 对课税免除（tax credit）的研究和实验将实现现代化。这是通过与国会长期合作不断更新条款以促使个人投入创新来实现的。
- 加强对 K－12 年级的数学和科学教育的研究。这需要我们加强对学生学习的理解，并将这些理解用于高素质教师的培训，开发有效的课程资源以及提高学生的学习能力等。
- 改革劳动力培训体系。每年为 80 万名工人提供培训机会，这比现有培训体系的三倍还要多。
- 通过支持适应经济的不断增长而进行移民政策的全面改革，以增强美国吸引并留住世界范围内最杰出、最聪慧的高技能劳动力的能力。这样不仅能使诚信劳动者在遵守法律的前提下养活全家，也能减少边境压力以保障国家安全。

二、在创新中领导世界

经济增长的科学和技术基础

过去五年，美国经济呈现出强大的活力与弹性张力。当前美国的经济增长也呈现出稳健而强劲的发展态势。在过去三年中，GDP 的年均增长超过 3.5％，美国人民税后收入不断增加，家庭净资产达到空前的最高纪录，失业率也很低。与此同时，通货膨胀继续得到控制，生产力持续增长——过去五年年均增长 3.4％。今日的美国经济成为全世界瞩目的焦点。

我们的繁荣不是偶然的，而是冒险者、革新者和梦想者共同努力的成果。美国之所以在全球占据领先地位，很大程度上在于我们欢迎和鼓励建立一种创新、弹性和开放性市场的经济和文化。美国通过支持世界级研发企业的发展以及支持教育和信息基础设施的投资，不断提升创新能力，在驱动生产力发展、促进经济增长和解决重大社会问题等方面已取得突破性的进展。

研究加速了我国经济的良好发展。它推动了新产品开发并激励整个产业界取得突破性进展。经济学家推断，事实上二战后的经济增长有一半得益于研发项目推动的技术进步。当前革命性的技术和诸多广受欢迎的日用品也都源于这些基础研究与应用研究。早在计算机和因特网出现之前，科学家就破解了激光、半导体和磁材料之谜，而正是这些技术的发展为今日的高级应用奠定了基础。这一产业很大程度上得益于联邦政府在基础研究方面的投入。从长远看这些投入对私营部门而言未必能够获利，但对政府而言却是必要的。

全球科学和技术：现状与展望

几乎所有相关方面的资料都显示：美国在科学与技术方面引领着全球。虽然美国人口数量仅占世界的 5％，但却雇佣了全球近三分之一的科学家和工程师，并支付了全球近三分之一的研发费用（美国用于研发的费用超过 3 000 亿美元，这相当于除 G8 国家之外的所有国家研发费用的总和）。图 6 - 1 显示，尽管美国已经对人口和经济规模进行了调整，但它在研发方面的开支及科学家和工程师的人数方面依然处于国际领先地位。

布什总统公布的 2007 年度财政预算中，对联邦研发的总体投入达到

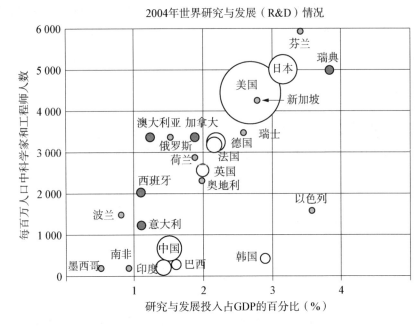

2004年世界研究与发展（R&D）情况

图6-1 2004 全球研究和开发项目

图中圆圈的大小反映了该国每年研究与发展资金投入的相对量

资料来源：R&D Magazine, Battelle, OECD, World Bank, K4D, UNESCO.

了创纪录的1 370亿美元，与2001年相比，其增幅超过了50％。如图6-2所示，联邦政府研发项目的实施情况，以美元的连续支出量作为衡量准则，也是首次在通货膨胀调整后达到历史新高。从2001年到2007年，美国仅对基础研究的投入就增长了32％。更为重要的是，自从2001年扭转了持续十年的平稳趋势以及联邦政府减少对科学研发投入的局面以来，美国研发的投入已经有所增加了。

在美国对科学的支持达到前所未有的高度时，世界其他国家也并非无动于衷。其他国家以美国的成功为榜样，也通过加大对科技领域的投资来提升其创新能力。这种竞争趋势对全世界而言有其积极的一面——加速世界范围内的经济增长，促进和平与稳定，改善人民的生活水平。也正是在这种趋势下，科学、技术和创新正以更快的速度得到发展，其他国家要想在日益融合的全球经济条件下与美国竞争，也就必须具备更强的能力。

以 2000 年价格水平计，单位：10 亿美元

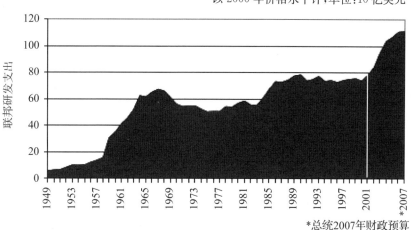

图 6-2　联邦研究与开发(R&D)支出，1949—2007 年

注：本图的费用并不包括对设施与设备的资助。

　　由于经济竞争与创新能力的增强，美国经济能否更具弹性和回应能力显得愈发重要。这就要求我们实施经济正增长政策——这是布什政府长期以来的工作重点，同时也要求政府以长远的眼光加大对国家创新企业的支持。因此，布什总统在《美国竞争力计划》中呼吁要对投资和政策进行集中调整。

《新一轮美国创新》

　　布什总统一直认为政府必须创造一种能为员工提供最佳技术和培训的创新环境，这将有助于确保美国经济在全球范围中始终保持最高的灵活性、先进性和最强的生产力。

　　从 2001 年起，政府工作遵循三大准则：创造一种鼓励创新者实践自身想法的商业环境（通过税收、贸易、知识产权/专利、侵权赔偿制度等政策）；培养高技能的劳动者（通过教育、岗位培训和移民政策）；支持创新所需的先进设施（通过对研发的投入，普及宽带等）。

　　2004 年 4 月，总统宣布了《新一轮美国创新》——一系列促进能源、医疗保健和信息技术创新的具体措施。具体来讲，此政策旨在帮助：

- **利用氢燃料技术提供更环保更安全的能源**。布什总统承诺,用五年时间争取12亿美元的资金,用于对氢和燃料电池技术从实验材料转化为市场产品进行研究。布什宣布能源部对氢进行研究和论证项目的计划资金共有3.5亿美元,旨在扫除迈向实现氢经济道路上的主要障碍。
- **通过医疗保健信息技术改善医疗保健**。布什总统相信,电子医疗记录的创新以及电子信息的安全交换,对改善美国的医疗保健及改善医患关系是非常有用的。与此同时,总统大胆预测大多数美国人在接下来的十年内都将拥有电子医疗记录。为实现这一计划,美国采取措施极力主张政府和个人的努力是同等重要的,这将从更广的范围加速电子信息技术的运用。
- **利用宽带技术促进创新和经济安全**。总统呼吁,到2007年对宽带技术的利用能实现大众化、经济化,并保证美国人在安装宽带时有更多的技术选择,为此,政府采取了一系列措施,如改善新技术,降低准入税,减少管理壁垒,增加信号波段的供应量等,从而有利于保证宽带的经济性和可用性。政府的政策发挥了作用——在2001年和2005年间,宽带的普及率增长了440%,从700万线增加到3800万线。

三、《美国竞争力计划》研究

《美国竞争力计划》最引人注目的一点,就是布什总统承诺将对联邦核心机构在物理科学和工程学方面的基础研究项目的投资在十年之内翻一番。

物理科学和工程学涵盖了高水准的研究领域。在这些领域中,形成和发展了几乎所有领域的科学家都会用到的知识和技术。布什总统计划用十年时间对物理科学和工程学等高水平创新领域的投资翻一番，包括国家科学基金会（NSF）；能源部科学办公室（Department of Energy's Office of Science，DoE SC）；商务部国家标准与技术研究所（NIST）。除了以上三大部门之外，总统2007年度财政预算还将对一些类似的高水平项目给予很大的优先权，如国防部的基础和应用研究。

2007年，《美国竞争力计划》预算对国家科学基金会、能源部科学办公室和国家标准与技术研究可投资9.1亿美元，或者比2006年度国家财政预算增加9.3%（详见图6-3）。为实现十年内翻一番的目标，用于《国家竞争力计划》所支持的研究机构的年均资金将增加7%左右。它意味着用于高水准和创新领域基础研究的新投资总额将达到500亿美元，这必将会巩固和完善个人所从事的短期研究。

改革知识产权以增强创新能力

在美国，知识产权集中的产业——如生物技术和信息技术部门的出口额占了全美一半多，占全国经济生产总额的40%，雇佣了1800万美国人，他们的报酬高出美国平均工资40%多。最近的一项研究显示，美国知识财产接近5万亿美元——相当于美国GDP的一半左右。美国专利和商标办公室（USPTO）进行了严格的改革，旨在督促办公室能以更加快捷的速度对专利申请和商标注册进行审查，而不损害其质量。

此策略的关键部分在于改造专利和商标办公室的收费结构并采用新计划，以提高专利和商标检查过程的质量和效率。总统在2007年度预算中指出，专利和商标办公室对其2005年的收入拥有完全的使用权。这些改革措施使得专利和商标办公室自2001年起可自由支配的年度支出增加了60%多。为促进知识产权保护所作出的其他努力包括：坚持用贸易协定（例如美国—中美洲—多米尼加共和国自由贸易协定）来保护最新的知识产权；在全国范围内实施打击有组织盗版行动计划，旨在对国内或海外的知识产权进行保护。

以往的研究产生了如下技术成果：笔记本电脑、因特网、光纤学、条形码、医学成像设备、气囊导管、助听器、眼睛激光手术、安全气囊、全球定位系统、卫星通讯系统。在每一项新技术中,联邦政府用于国家科学基金

创新基础研究的影响

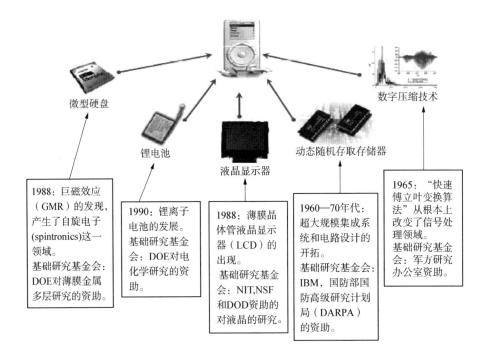

微型硬盘

锂电池

液晶显示器

动态随机存取存储器

数字压缩技术

1988：巨磁效应（GMR）的发现,产生了自旋电子(spintronics)这一领域。
基础研究基金会：DOE对薄膜金属多层研究的资助。

1990：锂离子电池的发展。
基础研究基金会：DOE对电化学研究的资助。

1988：薄膜晶体管液晶显示器（LCD）的出现。
基础研究基金会：NIT,NSF和DOD资助的对液晶的研究。

1960—70年代：超大规模集成系统和电路设计的开拓。
基础研究基金会：IBM,国防部国防高级研究计划局（DARPA）的资助。

1965："快速傅立叶变换算法"从根本上改变了信号处理领域。
基础研究基金会：军方研究办公室资助。

MP3技术的发明诠释了基础研究所带来的收益是难以预测的。在1965年,能够容纳15 000首录音歌曲的手掌大小的存储和录音回放设备还只是科幻小说的素材。那个时候就连很简单的便携式计算机都是稀少且昂贵的。国防部、国家科学基金会、国家卫生研究院、能源部、国家标准与技术研究所对研究进行投资,为实现磁性存储驱动器、锂离子电池、液晶显示屏等技术的攻关作出了重大贡献。这些技术都是和MP3设备的开发相伴而生的。设备本身是创新性的,但是必须建立在一系列相关技术的平台之上。这些技术源自于物理科学、数学、工程学领域的基础研究。

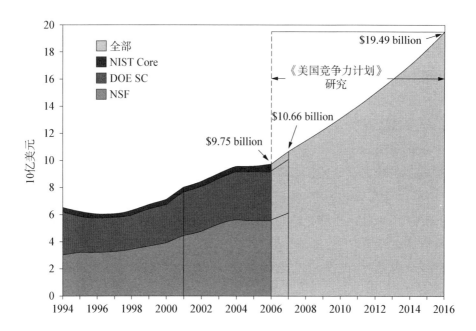

	2006 财政年度资金	2007 财政年度《美国竞争力计划》研究		2016 财政年度《美国竞争力计划》研究	
	10 亿美元	10 亿美元	增加%	10 亿美元	自 2006 财政年度增加的%
NSF	5.58	6.02	7.8	11.16[1]	100.0
DoE SC	3.60	4.10	14.0	7.19[1]	100.0
NIST Core[2]	0.57[3]	0.54	−5.8[4]	1.14[1]	100.0
总计	9.75	10.66	9.3	19.49	100.0

图 6 - 3 美国竞争力计划研究资助：2007—2016 财政年度

[1] 《美国竞争力计划》的全部研究基金翻倍：个别机构的分配尚未确定。
[2] NIST 核心由 NIST 实验室研究和建设账目组成。
[3] NIST 核心 2006 年规定的水平包括了指定款项的 1.37 亿美元。
[4] 在去除指定款项后仍有 24％的增加。

会、能源部科学办公室和国家标准和技术研究所的投资对于个人意识到市场潜力并投入研发具有十分关键的意义。这些机构基于统筹规划和价值分配的过程做出研究决策，并鉴别和支持那些最有发展前景的想法以及最有可能将它们成功实施的团队。作为这些过程的一种结果，这些联邦机构所提供的资助和内部研究在促进科研论文、专利直至最终的新产品和新技术方面留下了良好的记录。

由于科学研究特别是应用研究之间是相互联系的，物理科学和工程学的研究能为其他领域的研究提供工具和技术。当然从根本上来说，任何事物都是由原子及其微粒构成的。从原子层面用于事物成像、操作和模拟的基本技术在任何领域都具有应用价值。例如，关于人类基因信息的使用，就非常有必要掌握由 DNA 编码的蛋白质所具有的功能，并通过使用相关工具让人看清生命的复杂结构。而这些工具，如明亮的 X 射线源和强大的计算功能，都是物理科学和工程学的产物。当前，我们要善于抓住改善这些强大工具的宝贵时机，这也是保持科技创新领导地位的必然要求。

《美国竞争力计划》研究机构

国家科学基金会(NSF)是大学和研究机构进行物理科学学术研究的主要经济资助来源。它所提供的基金潜在地改变了诸如纳米技术、先进网络、信息技术、物理学、化学、材料科学、数学和工程学等领域内的基础研究。通过竞争性的、同行评议的过程来管理资金也是被看好的。来源于美国竞争力计划的国家科学基金会有望在 2007 年为 500 多项研究申请提供资助，同时有望为 6 400 多名科学家、学生、博士后致力于创新研究提供机会。

能源部科学办公室(DoE SC)支持科学研究和基础设施建设，其中包括与研发相关的大部分重大经济创新项目，囊括了具有高端计算能力的先进网络技术、纳米技术、生物技术、能源及其他科研原料在内的大部分领域。作为世界一流的联邦研究设备的主要资助者，该机构为广大科学家提供了必要的研究设备，从而增进对创新和发明的理解。与 2006 年度财政预算相比，在 2007 年度，该机构对研究人员的资助人数将增加至约 2 600 人。除此之外，《国家竞争力计划》还对那些大量的、能够直接推动经济发展的高端科研工具的研制项目进行资助，包括世界上最强大的民用巨型计算机以及 X 光源设备。它们能够提供在单个原子层面上进行原料、化工、生物等研究的世界一流的技术条件。此外，《国家竞争力计划》所资助科学办公室的其他设备还有：整合纳米技术和功能性纳米材料的设施；为未来国际热核聚变反应堆计划（ITER）奠定基础的国内热核聚变设备；具有最强操作技能的 X 光源和中子研究成套设备。

商务部国家标准和技术研究所（NIST） 是一个高水准的联邦研究机构。它从事具有较强影响力的基础研究，并资助技术的成功转化和在经济上具有重大意义的民用型创新。这些创新包括新材料和新工艺、电子学、信息技术、高性能计算处理能力、先进的制造业整合、生物技术以及氢等新能源和纳米技术。同时，国家标准和技术研究所对私人和政府所从事的一流研发项目也起着关键的资助作用。为加快变革的速度并提高美国的竞争力，在 2007 年度预算中，国家标准和技术研究所将对来自政府、产业界和大学的 3 900 名科学家和工程师进行资助。与 2006 年度相比，人数增加了 600 多名，从而可以满足国家对测量科学和标准的紧迫需求，以加速创新和提升美国的竞争力。

克服实现氢经济的技术障碍

"氢经济"（hydrogen economy）是指利用国内能源产生氢气，进而将氢气用作运输燃料。其他的应用可能性包括利用与氢相关的燃料（如酒精或天然气）作为便携式电器（如手机、膝上型电脑）甚至是远离电力线路、需要供能的大楼适用的经济而又持久的电源。

在这些技术得以广泛应用之前，依然存在着技术和经济上的障碍。如何减少开支、提高效率并使得日常应用技术具有足够的可靠性，一向都十分重要。如果能够实现这些技术目标，那么对氢燃料的大规模使用也将被证明是具有环保价值的。目前，能源部正在实施总统的氢燃料计划，试图实现这些目标。

国家标准和技术研究所（NIST）从多方面支持这项开发中的技术。目前，NIST 实施的项目正提供尺寸、数据和技术方面的支持，这对于开发和测试氢能源的运作以及提高制造氢产品的效率都是十分必要的。

国家标准和技术研究所中子研究中心的成像设备，为用肉眼观察燃料电池中水和氢的传输提供了独特方法。它揭示了燃料电池运作时水是如何形成和运动的。解决好引入湿度的管理、适合氢的燃料电池、对水的副产品的控制这一系列挑战的用于汽车、民用以及便携设备的燃料电池是非常关键的。

除了上述重点提到的国家科学基金会、能源部科学办公室及国家标准和技术研究所（NSF、DoE SC 和 NIST）等机构所实施的这些高水准研究以外，联邦政府的其他机构还资助了一些重要研究，从而为实现《美国竞争力计划》所提出的目标作出突出贡献。其中一例就是国防部对用于商业和军事目的的物理科学和工程学等领域提供了强有力的资助。国防部以往所资助的研究使得国家在很多方面的技术能力都有了革命性变革，诸如雷达、数字计算机、无线通讯、激光、光纤学、复合原料、因特网（包括网络包交换技术）、人造卫星导航系统等。总统的 2007 年度预算中包括了国防部用于基础研究和应用研究的 59 亿美元，较 2006 年度相比增长了 8％，达 4.4 亿美元（国防部高级研究计划局也将参与这些计划，但也有一些尖端技术开发项目不在此列）。尽管 2007 年度预算少于 2006 年度，但这仅是个案，因为指定款项占用了大量资金。

使《美国竞争力计划》研究的效力达至最佳

《美国竞争力计划》将增加重点机构中的基础性研究项目。这些重点机构将采用最佳的操作实践方法，用以识别和资助最具发展前景的研究创意。慎重的计划、强有力的技术咨询机制以及系统的、以价值为基础的同行评议，被公认为是促使研究取得成功的最佳方法。它的目的并不在于提出全新的政府项目，而在于增强应对于国家技术（协会）团体不断增加的、有关基础研究突出的和新建议的能力。在国家进行预算和拨款的过程中，对研究经费进行最佳配置是很必要的。指定款项的用途——由某机构通过立法程序对科研经费进行分配——并不是最为有效的使用纳税人资金的方法。就科学项目而言，现实告诉那些未来的研究者，计划的方法很多，其中就包括利用政治压力和唤起一小部分人的兴趣。通过立法指定研究经费的现象越来越多，但这破坏了美国的研究生产力，联邦政府对国会已经采取措施保护国家科学基金会和国家卫生研究院免于指定款项的做法表示赞赏。为了使《美国竞争力计划》的实施效果达到最佳，总统鼓励国会和学术团体反对有关机构，尤其是《美国竞争力计划》下的各个机构，指定款项进行安全方面的研究或是对设备进行资助。

《美国竞争力计划》研究的目标

尽管创新的结果很难被精确预知，然而毫无疑问的是，通过《美国竞争力计划》，我们可以预见到某些研究能力和技术平台的实现：

- 在纳米加工和纳米制造领域内的顶尖能力，将有助于把当前实验室中的研究成果转化为范围广泛的工业领域应用成果，从而惠及所有工商部门，包括：无线电通讯、计算、电子学、医疗保健和国家安全（NSF，DoE，NIST）。

- 利用诸如国家同步加速器 II 和 NIST 的中子研究中心等基础设施实现化学的、生物的、光学的及电子的材料上的突破，对于纳米技术、生物技术、可替代能源以及氢经济等的尖端研究而言是非常关键的（DoE，NIST）。

- 在高端计算能力与先进网络方面保持全球领先的水平，这使得通过跨越多个学科进行空前规模和复杂程度的建模和模拟来取得科学进步成为可能，对于诸如智能制造业、精确的天气预报以及安全而有效的药品设计等领域同样十分重要（NSF，DoE）。

- 克服量子信息处理在实际应用中的技术障碍，可以推动安全通讯领域内的革命，还可以推动量子力学在物理学、化学、生物学、材料科学中的应用（DoE，NIST，NSF）。

- 对材料科学进行新的基础研究，以克服在经济上有效地利用氢能、核能以及太阳能方面所遇到的技术障碍(DoE, NSF, NIST)。

- 确保计算机网络和信息安全,使得美国的 IT 产业远离那些有意或无意的破坏,并在保护和管理知识产权方面引领全球研究水平(NSF, NIST)。

- 通过提高传感和探测技术,使我们在自动操作和控制技术方面引领全球研究水平,这些技术在诸如国家安全、医疗保健、能源和制造业等领域有着十分广泛的应用前景(NSF)。

- 制定供应链的生产标准,用以促进更为有效的生产实践的发展和整合(NIST)。

- 要对那些设置贸易壁垒以影响美国竞争力并缩减美国商品出口机会的国际挑战作出积极的回应(NIST)。

- 尽快为新技术的发展制定高级标准(NIST)。

- 在材料科学和工程学方面取得进步以开发提高建筑性能的技术和标准,来增强应对诸如地震和飓风等灾害事件的抗灾能力(NIST, NSF)。

- 提高能源部和国家标准和技术研究所实验室的研究能力,并增强对其的维护和运作管理。

四、对研究和开发的税收激励措施

作为《美国竞争力计划》的一部分,总统连续第六年支持将研究和试验(Research and Experimentation, R&E)的联邦课税免除永久化。尽管这一课税免除近年来呈现出暂时性的扩张态势,但研究和实验的永久性课税免除的推行将有助于确保公司在纳税规划中更大胆地确定自己的研发投资战略。总统还加强了与国会之间的协作,尽可能地使课税免除的推行简单化和现代化,以使这一免税政策在鼓励私营部门进行创新方面更有效用和更具效率。

在美国研发投资总额高达 2000 亿美元的情况下,私营部门的投资份额大约占到总投资额的三分之二。税收政策可鼓励公司加大对研发的投资，使公司看准商机，将基础研究和应用研究所创造出的知识和理念转化符合企业及客户要求的产品和工艺。研究和实验的课税免除将通过降低企业部门研发投资的有效成本来增加这一支出。经济学上的证据也表明，免税政策对私营部门的研发活动有着显著的正面影响。最近的一项研究发现，当前有超过 15 000 个企业申请了课税免除，"它们涵盖了每一个产业领域、覆盖到全国 50 个州和受雇的数百万名美国公民"。

以技术力量推动经济的发展

保持美国经济在全球市场中的竞争力，关键在于可靠而又足够的能源供应。最近，伴随着货物及服务的生产与传输的市场化，能源的成本尤其像原油、精炼汽油及柴油等的成本也一涨再涨。这些产品成本的提高意味着储蓄、就业机会和社会繁荣程度的降低。为了应对高能源成本的压力，布什总统正采取措施来开发用于交通运输的可替代燃料。为了在提升美国能源安全的同时为农业经济提供新产品，他在 2007 年度经费预算中将增加"从农业废弃物中提取纤维酒精"这一项目的研究经费，合理改革"合作均衡燃料经济"(Corporate Average Fuel Economy, CAFE) 项目，同时对 2005 年 8 月签署的能源法案中所涉及的高效、混合、清洁型燃油运输工具等方面采取税收激励措施。在今后很长一段时间内，总统先生的氢燃料创新计划将致力于开发一种氢能的运输工具，这将最终消除美国对国外原油的依赖，从而提升国家的能源安全。

总统还将重点关注高成本的天然气，它改变了家庭用热预算，并使得一些产业公司搬迁到能源成本较低的海外。在过去十年中，天然气一直是新建能源工厂的首选燃料，这造成了天然气供不应求的局面。面对由于基础建设的飞速发展所导致的天然气价格飞涨的局面，总统提出了一项新的政策，通过鼓励对研发清洁型煤炭技术、核能和可再生能源进行新的投资，从而促进电力部门燃料的多样化。他的 2007 年度预算支持对有关清洁型煤炭和埋存碳（二氧化碳)的研究实行专项投资,从而在更少影响环境的情况下使国内的大量煤炭资源得以延续使用。考虑到全球范围内核能的快速扩张,总统还提出将来要在核燃料再利用的方面做出新的努力,但同时也表达出对核扩散风险以及当前缺乏对核废物储存的担忧。可再生能源技术勾勒出未来居所和建筑的图景,通过将太阳能光电技术融合于建筑物中,从而使居所和建筑物所产生的能量超过自身所消耗的能量。通过减少未来对天然气的需求,这些煤炭、核能及可再生能源将有助于降低消费者的支出,保持美国制造业和工业中高薪就业机会,并降低未来通过油管或油轮运输天然气的需求。

低廉的能源价格和安全的能源意味着美国经济的增长与繁荣,进而有助于美国在这个以技术为推动力的世界中继续保持强劲的竞争力。

然而,由于课税免除自身的复杂性、程序化以及由于其自身的更新所带来的持续不断的变化(这一政策的第 12 次实施到 2005 年 12 月 31 日期满),当前课税免除的有效性受到了一定的限制。这些免税总额在 2007 财政年度预计将达到 46 亿美元,在其后的 10 年中将累计达到 864 亿美元(表 6-1)。使这一免税政策永久性,将会消除由于其临时性质所带来的各种问题。此外,为了增加企业投资中长期研发的积极性,政府仍需同国会合作,使得这一免税的执行更加简便化和现代化。

表 6-1　2007—2016 财政年度研究与开发课税免除的预算支出　(单位: 10 亿美元)

年度	2007	2008	2009	2010	2011	2012	2013	2014	2015	2016	合计
支出	4.6	5.9	6.9	7.7	8.3	9.0	9.7	10.5	11.4	12.3	86.4

五、在人才和创新中领导世界

教育是机遇之门,也是知识经济和创新经济的基础。为保持美国经济在全球中的领导地位,我们必须保证拥有一批训练有素的数学家、科学家、工程师、技师和具备科学知识的劳动力大军,以及大量懂科学、懂技术、有文化的美国公民。《美国竞争力计划》将投资 3.8 亿美元,以新的联邦支持方式来兑现总统的承诺,用于加强国家教育体系的建设。通过提高 K-12 年级数学、科学、技术教育的质量,使每一个儿童都修学那些教授重要的分析、技术及问题解决能力的严格的课程,从而为美国更有效地参与全球竞争培养人才。

不让一个儿童落后

经国会两党多数通过,总统提出的《不让一个儿童落后法》(*No Child Left Behind Act*)于 2002 年 1 月 8 日得以签署并开始产生法律效力,它结束了几十年来对学生期望值过低和为学生学业成绩差找托辞的局面。《不让一个儿童落后法》要求高素质教师(highly qualified teachers)进入每一间教室,并采用探究式的教学方式优化学生的学习。《不让一个儿童落后法》也要求对低年级学生的阅读和数学能力进行年度评估,对高年级学生也要进行评估,以尽早查找出学生的不足并实施必要的补救措施。这一划时代的改革使得每个孩子都有获得高质量教育(high-quality education)的机会,以及发展在 21 世纪具有生产力的公民所必须具备的能力的机会。

自 2001 年执政以来,布什总统增加了一系列优先发展教育项目的拨款,这些拨款项目以前从未有过。例如"拨款条目 I"对那些低收入家庭孩子比例最高的地方教育机构提供经费支持。在 2001 年到 2006 年间,这些补贴的增幅高达 45%,如图 6-4 所示。此外,旨在提高学生阅读能力的特别项目,如"阅读第一"(Reading First)项目,拨款增幅也高达 300%。

除了由各州对学生、学校和学区进行"适当年度进步"(Adequate Yearly Progress, AYP)的年度评估外,一系列由联邦主持的评估也展示了联邦范围内的教育业绩和进步状况。全国教育进步评估(National Assessment of Educational Progress, NAEP),也被称作全国报告卡

拨款条目 I

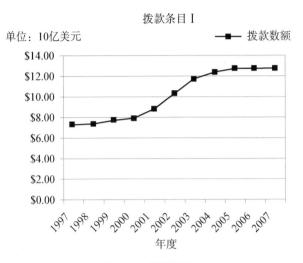

图 6-4　拨款条目 I
该条目拨款是通过州教育部门向拥有较多数量和较高比例的
低收入家庭之孩子的地方教育当局和公立学校提供资助。

(Nation's Report Card)，是对不同年级学生在阅读和数学以及其他学科中的学业成绩进行的测评。今年全国教育进步评估的结果显示，学生在所有年级的数学和四年级阅读上的成绩有全面提高，而且非裔美国学生和西班牙语裔学生在一些领域取得了有史以来的最高分数。这些资料表明了《不让一个儿童落后法》已经对学生产生了积极的影响——一种对于学生、教师及家长来说值得推崇的成就。然而，与世界其他国家相比，在提高学生成绩的问题上，美国有很多事情要做。

与在儿童的早期打下数学和阅读方面的坚实基础同样重要的是，严格的高中准备是学生进入大学或工作岗位能否取得成功的关键所在。为了巩固在较低年级中已取得的成就，布什总统已经提议将《不让一个儿童落后法》的重要方面拓展到高中阶段。扩大高中的绩效责任及对高中的高期望，是确保教育体系为国家培养适应 21 世纪工作的学生的第一步。总统的《高中改革计划》（*High School Reform Initiative*）将：

- 通过州教育部门向地方教育当局提供拨款，旨在提高高中学生的学业成绩，消除成绩差距，让所有学生做好在毕业后升入大学或走向工作岗位所需的知识和技能准备。

- 在高中的两个附加年级进行测验，以使学校知道自己课程的有效性，并由此确定是否需要为学生提供额外的帮助。

《美国竞争力计划》：教育

尽管通过实施《不让一个儿童落后法》，我们已经在学生的数学和阅读方面取得了一些成就，我们也期望在《高中改革计划》中取得同样的成就。但是，如果要让美国学生发挥全部潜力的话，我们必须留意一系列依然存在的差距。布什总统的《美国竞争力计划》寄希望于通过一系列新的开拓性项目来弥补这些差距。这些项目包括：

- **进阶先修课程/国际文凭课程 [Advanced Placement （AP)/International Baccalaureate （IB)Program)**

  旨在通过专门培训 70 000 名教师，使他们成为 AP 或 IB 数学和科学课程的教学领导力量，从而扩大低收入家庭学生学习难度较大之课程的机会，并使通过 AP 或 IB 课程的数学和科学测验的低收入家庭学生人数从 23 万提高到 70 万人。

- **助理教师团 （Adjunct Teacher Corps)**

  旨在鼓励多达 30 000 名的数学和科学专业人员成为高中助理教师。

- **国家数学小组 （A National Math Panel)**

  旨在对数学和科学多种教学方式的效果进行经验性评估，为改善教学方法和转换教学材料奠定研究的基础。

- **小学生现在就学数学 （Math Now for Elementary School Students)项目**

  旨在推动数学教学中以研究为基础的实践活动的发展，为学生在初中和高中面临更为严格的数学课程做好准备。

- **初中生现在就学数学 （Math Now for Middle School Students) 项目**

  旨在诊断和弥补学生在数学学习中熟练性的缺陷，向学生传授那些被证明恰当的、深入而又系统的学习方法,以与《不让一个儿童落后法》的目标相一致。

- **联邦科学、技术、工程和数学教育项目评估**(Evaluation of Federal Science, Technology, Engineering, and Math)

  旨在通过不同机构之间的评估来确定哪些措施有助于既定目标的实现。

- **将科学评估纳入《不让一个儿童落后法》**

  旨在加强问责,确保孩子们正在学习必要知识和技能以成为 21 世纪成功的劳动者。

总统的《美国竞争力计划》之项目	2007 年度预算
进阶先修/国际文凭项目	1.22 亿美元
助理教师团	0.25 亿美元
国家数学小组	0.10 亿美元
小学生现在就学数学项目	1.25 亿美元
初中生现在就学数学项目	1.25 亿美元
联邦科学、技术、工程和数学项目的评估	0.05 亿美元

培训和招聘高素质教师

确保每个课堂中都拥有高素质的教师是提高学生学习效果和成绩的基础。要成为一个高效的教育者和指导者,教师必须充分掌握教学内容和传授方法。然而,最近《2003 年国际数学和科学调查趋势》(The 2003 Trends in International Mathematics and Science Survey)中公布的数据则显示,在低年级阶段,只有不到 8% 的学生能够接受到具有数学或科学专业(或有此专长)学位的教师的教学。这一比例到了八年级有所提高,分别为数学 48% 和科学 15%。但是,仍然有相当数量的学生正接受着非专业性教师的教学,这些教师缺乏教学领域相关的重要培训经历。《不让一个儿童落后法》要求教师须具备较高素质,通过"提升教师质量州级拨款"(The Improving Teacher Quality State Grants)的资金来应对学校和地方所面临的包括师范生培养、新教师资格认证、招聘和雇用及专业发展在内的一系列挑战。为了确保学生有机会接受更高难度的课程，进一步加大投资促进教师在增加教学知识上实现高质量的专业发展是非常必要的。

尽管一系列联邦项目致力于使更多的数学和科学类的专业人员进入教学岗位，但是教育上的滞后意味着高素质的数学和科学教师走上讲台仍需要数年时间。不过，在当前的科学和数学领域，我们仍然有一批尚未利用起来的退休专业人员，他们所掌握的专业知识和实践经验足以胜任一个合格教师的工作，并且能为那些对科学和数学领域有兴趣的学生起到积极的示范作用。尽管一些科学家和工程师对教学有着浓厚兴趣，然而在他们看来，传统的教师资格证书是他们想成为一名教师的进程中一道不必要且难以被接受的障碍。一个数学或科学领域内的优秀实践者未必能成为该学科领域内的优秀教师，但有趣的事例的确表明：如果教师资格证书项目能承认这些人在其领域中所获得的培训和经历，数学和科学专业的主修者及专业人员是易于转入教师职业的。

为了应对这些挑战，《美国竞争力计划》提出为当前教师提供专业发展机会和吸引新教师进入课堂的"两步走"方案：

进阶先修激励项目(the Advanced Placement Incentive Program)。政府进一步作出努力，重点在进阶先修/国际文凭课程中的数学和科学两个领域内增加 1.22 亿美元(2006 拨款已达 0.9 亿美元)的投资。低收入家庭学生聚集的地区是这一项目关注的重心，通过激励和培训，使此类地区的教师能够胜任进阶先修/国际文凭课程中所要求的数学和科学学科的优质教学，同时也降低低收入家庭学生在这两个课程中的考试费用。教育部将要求申请者提出诸如增加教师的薪水和津贴等一些激励性措施，使教师能够完成由大学委员会(College Board)或国际文凭组织(International Baccalaureate Organization)所提供或组织的培训，从而使他们能够胜任数学、科学及重点外语课程的教学。同时，申请者也要对那些可以使更多学生通过进阶先修课程或国际文凭课程考试的教师进行鼓励。政府呼吁,各州应该和相关的私营部门配合起来,达到一比一的资金配套比例。联邦政府通过对这一项目进行的投资,希望 5 年内能够培训70 000 名新教师,使通过进阶先修/国际文凭考试的学生人数增加到 70万人的目标。

除了对当前教师的专业发展进行拨款外,《美国竞争力计划》还拨款推出助理教师团计划。教育部通过该计划,支持学区和公立或私营部门间的合作,鼓励科学、数学及工程类专业人员参与特定高中的数学、科学及技术课程的教学,使他们以助理教师的身份成为学校的预备教师。此项计划将对公立教育系统以外的高素质人员的能力进行开发,以满足中学的专门需要。这笔 0.25 亿美元的投资,在相关州和私营部门的资金配套下,目标是到 2015 年建成一个 30 000 人的助理教师团。

支持教师的专业发展

研究表明,教师是影响学生学业成绩提高的一个特别重要的因素。由教师发起的教育部"教师对教师计划"(Teacher-to-Teacher Initiative)为教师自由参与专业发展活动创造了可能,也为教师提高教学技能及了解新的教育政策和示范性实践提供了一个平台。

该计划吸引了全国最优秀教师和校长的参与,他们通过如"教师是如何将教育研究运用于课堂教学实践"等生动例子的展示,与其他教师分享提高学生成绩的策略。该计划遍布全国各城市的免费在线工作组、电子学习网络和教师对教师工作坊,为教师的专业成长提供帮助。

2004 年以来,包括大约分布于 18 个工作组的 4 500 名教师在内,该计划已经帮助超过 20 万的教师掌握了提高学生学业成绩的有效策略。通过与一些技术公司合作,教育部也正围绕对该计划项目进行进一步的拓展,创建数学、科学和技术等领域的教师工作组。拓展该计划的目标就是丰富教师的知识,以使他们能更好地激发学生在学校中学习数学和科学的兴趣,并为学生将来在该领域就业做好准备。

基于研究的教学材料和方法

《不让一个儿童落后法》的支柱之一就是要求学校利用基于研究的课程和有效的方法提高学生的学业成绩。由于 1997 年国会设立的国家阅读小组(National Reading Panel)已经做了大量的努力，我们在儿童阅读能力习得的理解上和开发研究型诊断工具、教学素材和提高阅读教学的示范性实践等方面都取得了巨大的进步。国家阅读小组发表的报告使若干有前景的管理计划(包括"阅读第一"和"勤奋读者"项目)初具轮廓。这两大项目的设计目的就是帮助学校和学区使用有效的教学方法来提高阅读成绩。

在数学教育领域，我们没有类似深入的研究基础。目前几乎没有一项实证的研究来说明儿童是如何学习数学的。一项由教育部实施的对现阶段数学课程进行深入研究的结果显示：很少有课程是以研究为基础的，或者在严格的独立评估中能证明其有效性。

以国家阅读小组及其后的阅读项目的成功模式为基础，《美国竞争力计划》拨款实施一系列重要项目。这些项目旨在探讨学生如何学习数学；如何更好地培养这些学科领域的教师；通过什么样的教学材料可以最有效地提高学生的成绩，并且能够更早地为学生应对高中及以后更为严格的学业做好准备。项目具体如下：

国家数学小组(The National Math Panel)。与国家阅读小组相同，国家数学小组将组织数学、认知科学和教育领域的专家对当前研究进行回顾，分析当前研究中的重要成果以及研究成果中的不足。他们将致力于弥补这些不足并对当前的项目进行综合性评估，最终建立起有效的数学教学的方法。

现在就学数学项目(Math Now Programs)。研究可以加深我们对学生学习方式的理解。国家数学小组可以为有效教学提供原则上的指导，由数学家和教育者组成的其他团队将这些研究成果转化为教师的实际解决方案同样势在必行。现在就学数学项目将给教师有效的工具，使学生从我们对学习和认知不断加深的理解中获益。

小学生现在就学数学。将为小学生打下坚实的数学基础。该项目可使教师获得正确的教学方法、教材和实践练习，进而为学生在初中和高中阶段学习更为严格的数学课程打下坚实的基础。

初中生现在就学数学。 将在小学阶段的成功基础上，给那些明显处于劣势的学生提供更为成熟的诊断工具和补救策略。该项目将以提高初中学生代数熟练程度为目标，通过透彻而系统的指导来增强基于研究的干预。

对政府在数学和科学教育上的投入之影响进行评估

提升美国 K－12 年级的教育质量是联邦教育部的主要任务。因此，一些联邦机构项目的设立，其目的就是引发学生对科技的兴趣、开发创新型课程材料、准备师资和为教师提供专业发展机会，同时提升公众对不同科学成就和问题的理解水平。目前虽然有大量支持正规和非正规的数学和科学教育发展的联邦计划，但在政府内部这些计划是支离破碎的，这些项目对改善学生学习的有效性几乎没有被评估过。

因此，《美国竞争力计划》将投资 500 万美元推出一个全面评估计划。该计划将对联邦投资项目的过去、现在和未来进行研究，确定那些在数学和科学教师培养及学生教育中发挥作用的项目，并研究这些项目在多大程度上接近或完成了《不让一个儿童落后法》的目标。这一评估计划尽可能与《不让一个儿童落后法》的问责原则相统一，同时探寻学生或教师参与这些政府资助项目而取得的成绩提高的经验性指标。这些资金将被用于评定测评项目的质量，对未经测评的项目进行评估设计并执行评估，为将来的项目评估确定指导方针。

在《不让一个儿童落后法》中纳入科学评估

当前，《不让一个儿童落后法》要求每一个州在 2007—2008 学年前以每三个年级为跨度进行一次科学评估并予以管理。当然，《不让一个儿童落后法》本身没有要求将这些评估纳入问责制。将科学评估纳入问责制，表明了科学作为学生教育之组成部分的重要性，也将确保学生可以学到他们在 21 世纪工作所必需的知识。

鼓励学生主修科学、技术、工程和数学学科

　　总统推行《不让一个儿童落后法》的目标在于使每个孩子高中毕业后能够充分做好进入大学或劳动力市场的准备。过去二十年间，高等教育机构的注册学生数从 1983 年的 1200 万上升到 2001 年的 1570 万。其中表示愿意攻读科学和工程类的新生数（也可按科学与工程学位授予比例）一直稳定在学生总数的三分之一左右。在某些特定领域如工程学和物理科学中，招生和学位授予的比例稍微下降，而在其他科学和工程类学科，如社会及行为科学、生命科学和计算机科学，这一比例有所提高。在毕业后获得科学和工程类学士学位的学生中，进入科学和工程类研究生教育层次深造或从事相关职业的人数所占比例降至 28%。让训练有素的科学、技术、工程和数学（STEM）领域的人员充分流动起来，这对我们国家来讲是非常重要的。为此，布什总统支持一些联邦政府项目，以增加大学入学机会，并招收和保持本科和研究生层次的 STEM 专业领域的学生。

国家科学基金会资助的 STEM 教育与劳动力培训

　　国家科学基金会管理的项目中，至少有 48 项是用于改善科学、技术、工程和数学学科的教学材料和方法，关注教师培养和专业发展，提高学生成绩和兴趣，招收并保持科学、技术、工程和数学专业及研究生项目中的学生。这些教育和培训项目的服务对象包含了从学前幼儿到博士后阶段的所有个体，还包括那些希望提升自身能力或转行的经验丰富的专业人士。

　　在这些项目中有一项名为高级技术教育（Advanced Technological Education，ATE）项目。该项目在 2007 年投资 4 600 万美元用以支持社区学院、地方企业（在促成合作中也做出重大贡献）、中学和四年制高等教育机构间的合作，为不断变化的高技术岗位需求培训各年龄段的熟练技师。同时，高级技术教育项目中的合作院校通过联合咨询团队、共享员工和正式明晰的协议，允许学生通过"学分转换"在高中和社区学院及四年制大学间实现顺利过渡。

新墨西哥州阿尔布开克（Albuquerque）市的微系统教育西南中心（Southwest Center for Microsystem Education，SCME）是高级技术教育地方中心的成功范例。该中心受阿尔布开克职业技术学院（Albuquerque Vocational Technical Institute）及其合作伙伴的领导，这些伙伴包括桑地亚国家实验室、新墨西哥大学、玛丽库巴半导体制造高级技术教育中心、微型及纳米技术商业化教育基金会、英特尔和得克萨斯仪器公司等机构。微系统教育西南中心向微系统企业提供劳动力发展模型、材料、技能标准，并为社区建立微系统技术群提供机会。墨西哥两年制技术大学与阿尔布开克职业技术学院举办了联合项目，该项目由美国—墨西哥科学基金会资助，旨在对微电子机械系统技术方面的墨西哥员工进行培训。

　　为了使学生支付得起攻读大学学位所需的费用，总统已经最大程度地提升了佩尔助学金（Pell Grant）的专项拨款，并使 100 万名学生获得了这一资助。值得一提的是，总统近期支持国会通过了美国竞争力助学金（American Competitiveness Grants）项目，对那些来自低收入家庭、完成严格的高中课程计划并在大学至少保持 3.0 平均水平（GPA）的大一和大二学生以及主修数学、科学和重点外语的大三和大四学生提供补助性助学金。这项新的拨款是以包含在布什总统 2006 年度预算要求内的各种建议为基础的，包括总统为高中阶段完成严格的课程作业的学生增加的佩尔助学金，以及总统数学和科学学者基金（Presidential Math and Science Scholars Fund）两部分内容。由于《赤字消减法》（Deficit Reduction Act）的通过，到 2010 到 2011 学年，美国竞争力助学金将提供总额达 45 亿美元的学生资助，其中包括 2006—2007 学年的 7.9 亿美元和 2007—2008 学年的 8.5 亿美元。

《美国竞争力计划》：员工培训

　　教育、培训和再培训可以为个人提供更好的职业选择和晋升机会，以及为美国创新型企业作出贡献的能力。据劳工统计局(Bureau of Labor Statistics)统计，在岗位增加速度最快的30个工种中，有26个工种要求不同形式的高中后教育或培训。数据显示，收入的提高和失业率的下降与受教育程度及技能掌握水平密切相关。当前一项对美国制造业进行的调查进一步显示，超过80％的受访企业主正面临着全面的高素质员工短缺的危机；90％的受访者面临着高素质、高技能生产一线员工的中度短缺或严重短缺的危机。

美国的大学和学院为人们追求高中后学位提供了世界一流的教育机会，然而个人选择高中后技能培训却是为了获得行业认可的许可证、学历或资格证书。一些领域也要求员工通过参加一些学历项目、技术培训班继续提升自身能力或者接受新技术的再培训。在确保高技能员工拥有高效使用尖端技术的能力的基础上，培训和开发项目是相当紧迫的；为增强员工个人和美国竞争力，提供更多接受此类项目的机会更是至关重要的。

社区学院的努力

由于培训成本低廉、可接受性强，尤其重要的是灵活性强，社区学院正成为重要的培训提供者。社区学院可以追踪地方劳动力状况，与地方的雇主合作，并按雇主的需要提供相应的培训。

经济强劲的一大特征表现为劳动力市场的弹性。当员工可以按照市场规律相对自由地在不同工作岗位和工作场所间流动时，企业可以得到它们需要的员工，而员工可以得到事业提升的机会。作为灵活的培训提供者，社区学院将帮助美国塑造自己的劳动力大军并使美国经济更具竞争力。

总统在2004年面向联邦各州的演讲中提议："加大对美国优秀社区学院的支持力度，使它们能够……为创造尽可能多的就业机会的行业培训员工。"

这种努力已经在2005年和2006年得到支持，政府通过推行社区本位的岗位培训拨款(Community-based Job Training Grants)项目，投资1.25亿美元为10万名员工提供了培训。总统提请2007财政年度预算拨出1.5亿美元支持此类努力，这将为16万名员工提供培训。

当然,目前所设计的联邦员工培训项目还不能满足21世纪美国对劳动力的需求。当前过多的钱被花费到竞争性的官僚作风和维持繁冗的基层组织行政运转中去了,而用在可以增加工作岗位、促进经济繁荣的教育和技能培训这类影响深远的事情上的资金并不充足。总之,基本和间接管理费用估计消耗掉所有联邦培训经费的三分之一,每年总计高达12亿至15亿美元。

包括爱达荷、蒙大拿及印第安纳在内的几个州已经认识到,有必要将更多的钱用于员工教育和技能培训上,将更少的钱用于管理费用。他们将努力巩固并理顺各自州内的员工培训项目。这些州计划努力节约100万到200万美元,并将其中大部分用于为更多的个体提供更多的培训机会。当然,这些州将与其他州一起,通过在美国推行新形式的岗位培训来提供更多的教育和培训机会。

2007年度预算将推出一项重要的创新计划,名称为职业生涯提升账户(Career Advancement Accounts, CAA)。如果员工正要走向工作岗位或处于工作调换中,或为了保持原有工作而必须学习新的技能,或为了职业升迁,这一自我管理的账户可向他们提供最高达3000美元的资助。职业生涯提升账户可以为员工提供他们提升自身技能和参与21世纪工作竞争所需的资源,也可以为州长和各州在设计能更好地服务其公民的服务供给系统的过程中提供便利。

这些资金将:

- 赋权于职工本人,使其获得岗位培训的机会明显增加,给那些需要重新工作的人提供就业服务。工人们将获得可使自己走向高薪工作的长期培训所需的资源。
- 通过减少重复培训、职业规划及不必要的管理费用来增加培训机会。职业生涯提升账户预计每年可以给80万人提供培训机会,这是现行培训体系下培训总量的三倍。
- 通过允许个人将他们的资金用于培训和其他服务来帮助他们提升自己的职业生涯,提高就业的灵活性。

《美国竞争力计划》：移民

布什总统已经提出了一个目标，就是更好地为美国学生和员工为21世纪的工作做更好的准备。总统也认识到，让世界上最优秀和最努力工作的人致力于为美国工作，将有利于提升我们国家的企业家精神和国际竞争力，也可以为所有美国人带来更多高收入的工作机会。美国受益于吸引并保持必需的外来移民和非移民的外国学生和劳工的能力，而且十分重要的是，美国在吸引优秀外国人才方面依然保持着竞争力。布什总统已经有一项综合性移民改革计划。这一改革计划旨在满足经济发展的需要，允许移民在遵守美国法律的情况下能够养育家庭，通过安检及（防止偷渡）缓解边境压力来提升国土安全。

六、结　　论

在未来几年中，美国将面临来自世界上众多国家的更激烈的经济竞争。我们必须更加努力地工作以保持我们的竞争优势。在今天为业已扩展的科学和技术优势奠定基础，我们可以在未来的探究、发明及创新上领导世界。我们国家最大的财富在于美国人民的潜能。美国是建立在这种信念之上的：每个人的生命都是宝贵的，都怀有自己独特的期许。通过投资于民，帮助他们发掘全部潜能并施展其创造力，我们将发挥天赋的创造力和人类思维的独创性，创设新的就业岗位并培训员工履行其职责，使我们的国家和世界成为一个更加安全、清洁、更适合居住的地方。《美国竞争力计划》正在并将继续为国家提供强大的动力，以便更好地教育我们的儿童，培训我们的员工，推动我们的科学和技术能力实现新的突破。

第七章
美国竞争法①

[第 110 届国会法案]

H. R. 2272

美利坚合众国第 110 届国会

2007 年 8 月 9 日

一、一项立法

通过研究与开发，为创新提供资金，以期提高美利坚合众国的竞争力。

美利坚合众国国会参议院和众议院通过其为立法。

第一部分　简称

本法可引用为《美国竞争法》(*America COMPETES Act*)，或者《美国为有意义地促进技术、教育和科学之卓越而创造机会法》(*America Creating Opportunities to Meaningfully Promote Excellence in Technology, Education, and Science Act*)。

---

① 2007 年 8 月 2 日，美国众议院以 367 票对 57 票绝对优势，参议院在若干小时后又一致同意通过该法，布什总统在 8 月 9 日签署该法使其正式生效。本书择选该法内容目录及第一章予以翻译，以利从一定的角度对该法有所了解。

第二部分 内容目录

本法案的内容目录如下：

第 6001 条　　发现

第 6002 条　　定义

A 分章——教师支持

第一部分　竞争性明日教师

第 6111 条　　目的

第 6112 条　　定义

第 6113 条　　具有教师资格的科学、技术、工程、数学或关键外语本科
　　　　　　　学位课程计划

第 6114 条　　科学、技术、工程、数学或关键外语教育硕士学位课程计划

第 6115 条　　一般规定

第 6116 条　　拨款授权

第二部分　进阶先修和国际文凭计划

第 6121 条　　目的

第 6122 条　　定义

第 6123 条　　进阶先修和国际文凭课程计划

第三部分　科学、技术、工程和数学教学颇有前途的实践

第 6131 条　　颇有前途的实践

B 分章——数学

第 6201 条　　适合小学和初中学生的数学课程

第 6202 条　　暑期教育课程

第 6203 条　　中学生的数学技能

第 6204 条　　国家申请的同伴评审

C 分章——外语伙伴计划

第 6301 条　　发现与目的

第 6302 条　　定义

第 6303 条　　授权的课程计划

第 6304 条　　拨款授权

D 分章——教育计划匹配

第 6401 条　　中学毕业要求与 21 世纪中等后教育努力及对 P - 16 教

二、科学技术政策办公室：
政府范围的科学

第 1001 条　国家科学与技术峰会

1. 概要——总统在本法案生效的 180 天内组织召开一次国家科学

与技术峰会（National Science and Technology Summit），以检查美国的科学、技术、工程和数学事业的健康状况和发展方向。出席峰会之代表来自产业界、小微企业、劳工界、学术界、各州政府、联邦研究和开发机构、与科学技术问题相关的非营利环境和能源政策团体，以及其他非政府组织，包括那些代表着《科学和工程平等机会法》（*Science and Engineering Equal Opportunities Act*）（42 U. S. C. 1885a or 1885b）第 33 条或 34 条所界定的个人的科学、技术和工程组织或协会。

2. 报告——总统应在峰会结束当日后的 90 天内向国会提交一份峰会结果报告。该报告将明确研究和技术的关键性挑战及建议，包括提高《科学和工程平等机会法》（42 U. S. C. 1885a or 1885b）第 33 条或 34 条所界定的个人在科学、工程和技术事业中的代表性，明确在该报告发布之日起 5 年内开展的联邦研究和技术项目的投资领域。

3. 年度评价——从国家科学与技术峰会后总统提交的财政年度预算及此后 4 年的每年度预算开始，描述研究与开发预算重点的分析视角部分，应包括对此类重点如何与包含在第 2 款要求报告内的峰会结论和建议相联系的描述。

第 1002 条　创新障碍研究

1. 概要——科技政策办公室主任应在本法实施之日起的 90 天内与国家科学院生效一份协议，以实施并完成如下研究，即识别和评估能够减轻超越传统经营和金融风险且影响创新能力的新型企业风险的方式，包括研究和评审——

（1）能够有效鼓励长期价值创造和创新的激励及薪酬结构；

（2）行业对知识资本、创新绩效和未来估值指标自愿披露和补充披露的方法；

（3）政府与行业之间的合作方式，以加强用以鼓励第（2）项中所述披露事宜的法律和监管框架；

（4）与外国竞争对手相比，可能对美国企业从事创新冒险活动构成重大阻碍的行为；

（5）与外国竞争对手相比,进行创新的美国企业所面临的成本,包括高昂且不断上涨的医疗成本给企业带来的负担;

（6）产业界、行业协会和大学之间的合作方式,以支持用以评估长期创新策略的价值和风险的管理实践及方法方面的研究;

（7）用于鼓励行业协会、监管部门、管理者、股东、劳工和其他利益相关者之间承担创新风险而进行全新的、开放的、协作性的对话方式和手段;

（8）鼓励高等教育机构,特别是农村和服务不足地区的高等教育机构参与创新的激励措施;

（9）可能阻碍或鼓励创新的相关联邦法规;

（10）1986 年《国内税收法》中阻碍创新的所有条款,包括税收条款、合规成本和报告要求;

（11）联邦资助促进或阻碍创新的程度;

（12）个人对 21 世纪劳动力取得成功所必需的知识和技能的掌握程度,用以下方面来衡量——

① 根据 1965 年《中小学教育法》第 1111（b）（3）条（20 U. S. C. 6311（b）（3））有关国家学业评估的规定,按照族裔、种族和性别界定中小学生的学业成绩,特别是数学、科学和阅读;

② 按照族裔、种族、性别、机构类型界定进入高等教育机构学习的学生比例,以及进入高等教育机构学习的阻碍;

③ 以下比例——

（A）顺利完成高等教育学业的学生,按照族裔、种族和性别界定;

（B）政府颁发的科学、技术、工程和数学领域的证书、副学士学位和学士学位,按照族裔、种族和性别界定;

④ 高质量职业培训项目的可获取性。

2. 报告要求——在第 1 款要求的协议签订后的 1 年内和该协议签订后的 4 年内,国家科学院应向国会提交根据该款进行的研究报告。

3. 授权拨款——已获授权在 2008 财政年度拨款 100 万美元至科技政策办公室,以进行本条款所要求的研究。

第 1003 条　国家技术与创新奖

1980 年斯蒂文森-韦德乐技术创新法第 16 条修正如下:

1. 本条标题由"国家奖"更名为"国家技术与创新奖";

2. 第 1 款由"技术奖"更名为"技术与创新奖"。

第 1004 条　半年度科学、技术、工程和数学日

国会意见认为,科技政策办公室主任应:

1. 鼓励所有小学和初中每学年设立两个科学、技术、工程和数学日,旨在促进科学、技术、工程和数学导师为学生提供动手做课程(hands-on lesson),激发学生追求科学、技术、工程和数学成就(包括继续教育和职业路径)的兴趣;

2. 与联邦机构和部门协商后启动一个项目,提供支持系统、工具(来自现有外联办公室)和机制,允许并鼓励肩负科学、技术、工程和数学责任的联邦雇员在科学、技术、工程和数学日进入课堂指导和激励学生,聚焦现实生活中与科学、技术、工程和数学相关的应用经验,同时辅以动手演示,以展示科学、技术、工程和数学领域学习的优势和直接应用;

3. 促进私营部门和高校员工积极参与科学、技术、工程和数学日活动,包括与那些代表着《科学和工程平等机会法》(42 U. S. C 1885a or 1885 b)第 33 或 34 条中所界定的个人的科学、工程及数学专业组织建立合作关系,在某种程度上类似于第 2 款中描述的联邦雇员的参与形式。

第 1005 条　服务科学研究

1. 国会意见——国会意见认为,为加强美国企业和机构的竞争力,以及使美国人民为高工资、高技能的就业做好准备,联邦政府应该更好地理解被称之为"服务科学"的新兴管理和学习学科,并作出策略性回应。

2. 研究——在本法案生效之日起一年内,科技政策办公室主任应通过国家科学院开展一项研究,并向国会报告联邦政府应如何通过研究、教育和培训为"服务科学"这一新兴管理和学习学科提供支持。

3. 外部资源——根据 1965 年《高等教育法》(20 U. S. C. 1001(a))第

1001(a)条的定义,在进行第 2 款规定的研究时,国家科学院应与来自两年制和四年制的高等教育机构负责人、企业领导及其他相关方进行协商。

4. 服务科学的定义——在本条款中,"服务科学"指代旨在教授个人应用科学、工程和管理学科的课程、培训和研究项目,这些学科整合了计算机科学、运筹学、工业工程、商业战略、管理科学、社会和法律科学等要素,以鼓励为客户和股东创造价值方面进行创新,而这是无法凭借个别学科单独作用而实现的。

第 1006 条　总统创新和竞争力委员会

1. 概要——总统应设立创新和竞争力委员会。

2. 职责——委员会的职责应包括:

(1) 监督促进创新的公共法律和举措的实施,包括本法案或任何其他法案中提出的与研究资金、税收、移民、贸易和教育相关的政策;

(2) 就全球竞争力和创新趋势以及在这一全球趋势下联邦政府在教育、就业培训和技术研发方面的资源配置,向总统提出建议;

(3) 与管理和预算办公室主任协商制定一套流程,使用指标来评估影响美国创新能力的现有和拟议之政策和规则的效用;

(4) 为行政机构负责人确认机会并提出建议以改进创新,同时监测和报告相关建议的执行情况;

(5) 制定标准以衡量联邦政府在改善创新条件方面的进展,包括人才开发、投资和基础设施改善;

(6) 向总统和国会提交有关进展的年度报告。

3. 成员和协调:

(1) 成员——委员会由以下机构的部长或负责人组成:

① 商务部

② 国防部

③ 教育部

④ 能源部

⑤ 卫生和人类服务部

⑥ 国土安全部

⑦ 劳工部

⑧ 财政部

⑨ 国家航空航天管理局

⑩ 证券交易委员会

⑪ 国家科学基金会

⑫ 美国贸易代表办公室

⑬ 管理和预算办公室

⑭ 科学技术政策办公室

⑮ 环境保护局

⑯ 小企业管理局

⑰ 总统指定的其他部门或机构

（2）主席——由商务部长担任委员会主席。

（3）协调——由委员会主席负责协调本委员会与国家经济委员会、国家安全委员会、国家科学技术委员会之间的关系。

（4）会议——应主席的要求,委员会每半年召开一次会议,首次会议应于本法生效之日起 6 个月内召开。

4. 制定创新议程:

（1）概要——委员会将制定综合议程,以提高美国联邦政府、州政府、学术界和私营部门的创新和竞争力。

（2）内容——本款第(1)项中要求的综合议程应包括以下内容:

① 评估美国目前在研发投资方面的优势和劣势。

② 就解决相关劣势和维持美国在研发和技术创新方面的世界领先地位提出建议,包括提高《科学和工程平等机会法》(42 U. S. C 1885a or 1885 b)第 33 或 34 条中所界定的个人在科学、技术、工程和数学领域的参与程度的策略。

③ 关于加强美国联邦政府、州政府、学术界和私营部门的创新和竞争力的建议。

（3）顾问:

① 建议——在本法生效之日起 30 天内,美国国家科学院在与美国国家工程院、国家医学研究院、国家研究委员会协商后,应制定并向总统提交在制定本款第(1)项所要求的综合议程时建议担任委员会顾问的 50 位人员推荐名单。顾问名单应包括来自以下领域的合适代表:

（A）私营经济部门

（B）劳工部门

（C）包括信息技术、能源、工程、高级技术制造、卫生和教育在内的各个领域

（D）科学组织

（E）学术组织以及科技领域的其他非政府组织

（F）非政府组织,如那些代表着《科学和工程平等机会法》(42 U. S. C 1885a or 1885 b)第 33 或 34 条中所界定的个人的科学、工程、技术和数学专业组织

② 指定——在国家科学院提交推荐顾问名单之日起 30 天内,总统应指定担任委员会顾问的 50 位人员。

③ 协商要求——委员会应与顾问们协商制定本款第(1)项所要求的综合议程。

（4）首次提交和更新:

① 首次提交——本法案颁布之日起一年内,委员会应向国会和总统提交本款第(1)项所要求的综合议程。

② 更新——委员会应至少每两年更新一次本款第(1)项所要求的综合议程,并将更新内容提交给国会和总统。

4. 可选任务——尽管有第 1 款及第 3 款下的第(1)项和第(2)项的规定,总统仍可指定一个现有的委员会来执行本条规定。

第 1007 条　国家研究基础设施之协调

1. 查明联邦研究设施的缺陷并确定其优先次序——科技政策办公室主任应每年通过国家科学和技术委员会来确定和优先考虑位于联邦实验室的研究设施和主要仪器的缺陷,以及存在于学术机构供美国研究

人员广泛使用的国家用户设备的不足。在确定这些缺陷的优先次序时，主任应考虑与联邦机构特定任务要求相关领域的研究需要。

2. 规划研究设施和主要仪器的购置、翻新和维护——科技政策办公室主任应通过国家科学和技术委员会协调联邦机构规划研究设施和主要仪器的购置、翻新和维修，以解决本条第 1 款所指的缺陷。

3. 报告——在财政年度初向国会提交支持总统财政年度预算的相关材料(依照《美国联邦法典》Title 31 第 1105 条)，同时主任应每年向国会提交一份报告，截至当年财政年度末，在提交该报告之前应说明下列事项：

(1) 对根据第 1 款确定的研究基础设施缺陷的描述。

(2) 由各机构列出的联邦研究设施的项目和用于购置总统预算建议中所包含的主要仪器的预算建议。

(3) 解释本款(2)项所述的项目和设备采购与根据本条第 1 款确定的缺陷和优先事项之间的关联。

第 1008 条　国会对创新加速研究的要求

1. 国会对支持和促进美国创新的意见。国会意见认为，每个联邦研究机构都应努力支持和促进美国的创新，这主要通过高风险、高回报的基础研究项目来实现：

(1) 应对基本的技术或科学挑战；

(2) 参与多学科工作；

(3) 具有高度的新颖性。

2. 国会对为基础研究设定年度资助目标的意见。国会意见认为，每个资助科学、技术、工程或数学研究的行政机构都应设定一项目标，即在该机构的年度基础研究预算中分配适当比例的资金，用以资助本条第 1 款所述的高风险、高回报的基础研究项目。

3. 报告——在财政年度初向国会提交支持总统财政年度预算的相关材料(依照《美国联邦法典》Title 31 第 1105 条)，同时本条第 1 款所述的各行政机构应每年向国会提交一份报告，阐述其是否已经设定本条第

2 款中所述的资助目标,如若已设定目标,需要做到:

(1) 对资助目标的说明。

(2) 该机构是否达到了上述资助目标的评估。

(3) 说明按上述资助目标拨付的资金所支持的相关活动。

4. 定义——在本条中:

(1) 基础研究——"基础研究"一词同管理和预算办公室第 A - 11 号通知中给予的含义。

(2) 行政机构——"行政机构"一词同《美国联邦法典》Title 31 第 1105 条给予的含义。

第 1009 条　科学研究成果之发布

1. 原则——在本法案生效的 90 天内,科技政策办公室主任在与管理和预算办公室主任以及所有进行科学研究的联邦民用机构负责人进行协商之后,应制定和发布一套总体原则,以确保开放的数据和结果能够流向其他机构和政策制定者,受雇于联邦民用机构的科学家所进行的研究能够公诸于众,同时防止对这类研究结果有意或无意地抑制或扭曲。这些原则应鼓励将类似机构雇用的科学家从事的研究数据和结果进行公开交流,并应与现行联邦法律,包括《美国联邦法典》Title 35 第 18 章(通常被称为《拜杜法案》)相一致。该原则还应考虑到同行评议的科学期刊的政策,联邦科学家目前可在这些期刊上发表研究结果。

2. 实施——在本法案生效的 180 天内,科技政策办公室主任应确保所有开展科学研究的联邦民用机构制定对机构雇用的科学家所从事的研究数据和结果进行公开发布的具体政策和程序,且需与本条第 1 款所述原则相一致。上述政策和程序应:

(1) 具体说明在该政策和程序下允许以及不允许或不建议的事项;

(2) 为每个机构专门设计;

(3) 在每个机构中统一适用;

(4) 广泛传播且便于各机构的所有员工和公众获取。

附录 1
行动呼吁——美国为什么必须创新①

◆［美］全美州长协会

一、导　　言

现今的美国经济制造了一个明显的悖论：一方面,美国自 2001 年经济跌入不景气的谷底以来,每年都保持着 3% 的增长速度,以历史的眼光来看这是一个比较合理的增长速度。在就业率连续几年持平之后,2004 年和 2005 年的经济发展为美国创造了 200 万个就业岗位,2006 年依然保持着良好的发展势头。但另一方面,美国的许多家庭都有着不确定感,他们普遍关注国家的经济发展以及他们自己的未来,因为尽管美国经济取得了全面长期的繁荣和成功,但美国人收入中位数却处于停滞状态,美国工人几乎没有享受到经济发展所带来的成果。

如果我们把美国经济发展放在更长的时段中去分析,经济增长与人们的急切关注之间的悖论便会愈发明显。通过新技术所生产的产品和提供的服务是上一代人所无法想象的,而且与 30 年前相比,产品的生产方式也发生了革命性的变化。整个世界相互依存的程度可能只有过去几十年中最大胆的理论家才能预想得到。然而,这些变化也给许多美国家庭带来了工作前景的不确定性以及收入水平增长的停滞,尽管它们也有助

---

①　该报告由前美国商务部负责经济事务副部长、现为经济咨询专家的埃弗里特·埃利希 (Everett iEhrlich) 执笔。该文来自全美州长协会官网 www.nga.org。译者为赵中建、黄丹凤,译文略作删减。译文原发表于《教育发展研究》2007 年第 10 期

于美国经济的增长。

与当前推动经济增长的强大动力并存的是人们对这种强大力量控制的盲目性。我们如何才能创造好的就业岗位？我们如何才能促进地方经济的发展？或者简单地说，我们如何才能提高自己的竞争力？答案就在于创新。

二、创新对于经济增长的作用

经济到底是如何发展的？新的就业岗位又是如何被创造出来的？问题虽都很简单，但经济学家给出的答案却往往过于精细化和理论化，因而难以应用到实践中去。然而，了解过程本身对于促进经济发展和创造新的就业岗位都是十分必要的。

在任何时候，经济总会催生出一系列商品和服务，而各种各样的资本，亦可称之为"要素"，是生产出商品和服务所必需的。这些要素包括物质资本，如工厂和设备；金融资本，即用于投资的资金；以及智力资本，即人类不断积累的包括科学、技术、工程和工商实践在内的各类知识。此外，还包括劳动力资源以及劳动力所具备的技术，也就是将知识运用到实际工作中去的能力，有时也称之为"人力资本"。我们在市场中所能见到的各种商品或服务都是上述各类资本有机结合的结果。

如果这就是经济生产的过程，那么我们又该如何增加经济生产的产量呢？方法之一便是简单地"加倍处方量"，也就是将经济生产各要素加倍，使用更多的投资、更多的工人等。但是，"加倍处方量"只是把原来的那个"蛋糕"做大了一倍，投入与产出在比例上并没有任何变化。用经济学术语说，这个过程并没有提高生产力或是"人均产量"，而这才是我们衡量生活质量高低的标准。因此，我们应追求从更少的投入中获得更多的产出，让经济变得更具生产力。经济发展史告诉我们，任何时候都会有无数种方法来提高生产力水平，持续不断的改进会使生产过程中的各个环节都发生增量的变化，而这些增量的总和便是生产力的提高。生产力的提高可能来自车间改装、客服热线的引导软件、在行政工作中人工智能的使用,或对已有产品进行重新包装以更好地满足顾客的需求等。以上这些措施都提高了生产力,即利用现有的各种要素获得更多的新产品。

虽然这些增量具有重要的价值,但当达到某种自然极限时它们便会逐渐减少。接下来要考虑的便是创新问题。创新是一个过程,通过这个过程,全新的理念渗透到经济领域,并改变了所生产的产品、产品的生产方式和生产本身的组织形式。

我们可以回顾一下发生在这一时代的那些具有划时代意义的创新:集成电路及以此为基础的微处理器和电脑。这类新技术已经创造出了全新的物化智能产品:从便携式的音乐播放器到纯平电视。这一创新使得人类利用诸如机器人、智能控制、计算机辅助设计等技术改变了大多数物品的生产方式。这一创新还彻底改变了生产的组织形式:网络化组织模式取代了传统的金字塔形模式,供应商和顾客之间的界线也由于即时配送和价值链而变得日益模糊,公司可以进入全球市场,竞争意识和顾客选择的意识得到了强化等。所有这些转变带来了利用原有资源可获得更"多"更"新"的产品和服务的新方法,从而提高了生产力。进一步讲,计算机开辟了一个全新的领域,在这里商业活动可以进行试验和学习,引发了新一轮的增量的冲击波,从而继续促进生产力的发展。创新的结果是人均收入增加了,生产力提高了,全新的和高价值的就业岗位被挖掘出来了,一句话,真正的竞争力产生了。

但是,新技术并不是可以随意获得的。新技术有赖于人们足够的知识和想象力,运用各种资源进行多次试验后才可能产生。人们必须承担起同产品设计和投资相关的风险,获得并传播作为发明、生产和创新先决条件的科学和工程学知识。唯有这些条件都得到满足时,经济才能出现跳跃式发展。也只有所有条件都得到满足时,经济才能增长并创造出许多好的就业岗位,进而使得人们的经济活动更为多产,达到更高的生活水平。

经济的跳跃式发展归根结底需要创新。除非始终坚持创新,否则一个国家不可能保持经济的持续发展。当我们谈到国际贸易时,创新的作用就更加明显。我们已经确知日本、韩国等是通过何种方式使得自己的汽车工业和电子工业逐渐占据国际市场以排挤美国的传统地位,它们通过资本和科学知识的流动将最现代化的生产技术与技术熟练但薪资水平低于美国的劳动力加以整合,实现了这一点。现在,中国和印度已经实行了经济开放政策,并对科学技术进行重大投资,它们很可能会效仿其他国家和地区的模式,而且规模更大。此外,近年来信息技术和通讯技术的发展已经让许多服务业和制造业的市场趋于全球化。数字化和因特网使海外的计算机程序员、会计师和放射线学者直接参与到原本在美国国内完成的工作竞争中来。美国经济要在不降低员工工资水平的前提下在国际竞争中占有一席之地,就必须在创新方面更胜一筹,赢得市场的先机。

在这种大背景下,要应对不可避免的竞争,我们必须作出选择:要么采取促进创新的上策,要么采取减少收入的下策;可以选择创新,提升自己;也可以选择降低工资水平,使民众生活更为窘迫。只有上策才能增强竞争力,而竞争力则依赖于创新。

但是,创新并不等同于发明。人们需要经历整个创新过程的每一步才能提升竞争力。教育体系必须提供多方面的知识,不仅让学生具备构思新发明的能力,而且还能明确生产和使用这类新发明所需的各项技能。首先必须具备这些发明所需的研发资金,随后必须具备将创造发明转换为生产力的投资。经济环境必须是有利的,即必须是稳定的,避免繁荣和萧条的交替循环以及容易引发经济衰弱的通货膨胀。经济结构必须要有一定的张力和弹性以容许变化的发生,例如对生产进行快速有效的重组,给予劳动力知识技能以帮助他们适应新岗位的要求,对因创新而产生的利益进行合理的分配,而这一分配方式应在全社会形成并维持如下共识,即所有人都可以从经济变化中获益。

此外,创新依赖于策略、产品和过程的再造,依赖于创造新的经营模式和市场。创新有赖于选择正确的观念及快速而有效地执行经营战略,创新还需要我们在经营活动中保持良好的灵活性和机敏性。全新的想法有时候来自实验室,但更多的想法往往是在与顾客或供应者的接触中,在为了新目标而应用现有技术的过程中产生,或在融入公司产品开发策略的研究中产生。

创新是一个成功经济体的显著特点，是经济增长和就业岗位增加的核心。此外，创新也是一个高技术含量、高收入水平的经济体在不降低工资水平的情况下与高技术含量、低收入水平的经济体相抗衡的唯一手段。因此，美国的竞争力尤其依赖于我们进行创新的速度。创新的过程是一个多维发展的过程，远远超越了发明本身，这一多维性要求我们思考各级政府，尤其是州政府如何才能促进创新的过程。

三、政策的作用和州政府的角色

虽然竞争力问题是一个国家现象，但各州政府在决定竞争力强弱以及增强各自辖区内的经济更具竞争力方面发挥着至关重要的作用。这不是一种空洞的理论，而是涉及创造就业岗位和促进经济增长的现实问题。我们再回过去看一下前面提到的世界经济论坛关于国际竞争力的排名。美国的排名从第 1 位滑落到第 6 位的结论，是以该经济论坛对美国在创新过程中各类指标所作的综合评价为依据的。比如说，美国在市场效率和技术创新两项指标上名列世界第一或第二，这同预想的大致相同，但是基础设施建设指标排名第 12 位（排在比利时之后），公共机构质量指标排名第 27 位（该指标主要涉及公共服务和政府管理的质量，落后于智利，略优于葡萄牙）。令人吃惊的是，美国在教育和医疗保健领域的指标中排名第 40 位，落后于波斯尼亚和保加利亚，仅优于厄瓜多尔、马来西亚和爱沙尼亚。美国的宏观经济政策排在世界第 69 位，居于斯洛伐克和波兰之间。从总体上看，这一系列指标排名表明，私营部门切实履行了自己的职责，而公共部门作为基础设施建设、教育、医疗保健以及经济政策领域的管理者，没有切实承担起相应的责任。

美国必须应对这一严峻的竞争力挑战，各州州长必须对此作出具有前瞻性和进取性的回应。他们必须通过宣传和确定期望等方式，增强公众对所面临的问题及应对挑战中存在机遇的意识。

创新是人力资源、智力资源以及金融资源的整合，因此促进创新也就离不开扩大上述资源以及优化资源组合方式，其中人力资源最为重要。

但我们发现,美国学生在科学、技术、工程和数学方面并未达到所需的要求,并开始落后于世界上其他国家的学生。美国在科学家和工程师的培养方面也不能满足未来创新的要求。创新型经济的培育需要在教育、研发和企业家精神等方面的投入齐头并进,尤其要重视创新型企业家所倚赖的前期投入。但是,美国非国防的研发投入在经济中所占的份额仍然落后于主要竞争对手如日本和德国。

本报告集中讨论两项任务:为更广阔的经济发展"做好准备"及通过"增强实力"的各类项目加强地方经济。管理者需要在两种时间框架内制定和实施达成上述两项任务的策略,它们对于政府应对 21 世纪世界经济竞争起着至关重要的作用。

政策目标之一:做好准备

世界经济论坛所表明的一系列失败有着共同的根源。每一次失败都源于政府未能创造出一个让经济繁荣的平台,即未能为提升竞争力"做好准备"。其中的部分问题可以通过联邦政府得到解决,但其他问题则有赖于各州的努力。在全美层面上,联邦政府必须制定各项用以"做好准备"的政策,为创新和经济发展提供支持,包括促进整体经济的平衡(较低的通货膨胀率、稳定的增长以及充裕的储蓄);加强公共基础设施建设;对超大型私营经济的治理和资本市场的完整性进行监督;创建高质量的教育体系,尤其是联邦政府能发挥更大作用的中等后教育;进行为各项创新提供基石的基础研究;为促进科学进步提供相关项目并制定激励措施。

各州在这类"做好准备"的政策中同样扮演着非常重要的角色。联邦政府只支付 K‑12 年级教育经费的 7%,这就凸显了地方财政的重要性。各州是教育政策和教育创新的主要推动者,它们的决定直接关系到 K‑12 年级教育体系的成败。各州在为初等和中等学校制定标准、实施评价及推进问责制中占据首要地位。正如《全美州长协会提升美国高中之行动议程》所指出的那样,各州在促使美国高中与当代世界经济的现实相融合中发挥着主导作用,在促使美国的科学和数学教育达成优异的全美努力中充当着领路人。

各州在高等教育中的作用也是如此。州级财政是中等教育后教育体系的支柱,与此同时,各州在基础设施建设中也发挥着举足轻重的作用,因为州的财政支持弥补了联邦财政资助的不足。在医疗保健系统中,州也是联邦政府的重要伙伴。宽带网络是新时期基础设施建设中的重要组成部分,而各州在宽带网络建设中的作用更加突出。

各州在促进创新的平台建设中所发挥的核心作用是显而易见的,与此同时,它们在第二个目标中所发挥的作用也同样重要。

政策目标之二:增强实力

和联邦政府有所不同的是,各州必须在两个层面上开展工作。首先,必须在"一般的"层面上提供有利的经济平台。其次,在"具体的"层面上考虑到地方经济的优势和劣势。这种介于全球经济多样性和地方经济特殊性之间的定位推动着各州积极促进自身经济的发展。

全球经济是多样而复杂的。全球市场通过运输、通讯和金融等复杂的网络将来自世界各地的多样化商品聚集到一起。某个小镇的经济必须服从相同的经济学定律,但它的结构却完全不同。一个地方的经济可能会被某个大型的用人单位,如饲养场、工厂、医院或是旅游景点所主导,当地的许多活动都同这一用人单位息息相关。当这一单位繁荣发展时,即它进行投资、扩张、雇佣更多的劳动力或提供更高的薪资时,当地的经济也呈现出繁荣景象。虽然这一单位同当地的经济不是统一的,但两者之间有着必然的一致性。

各州的经济介于一般的和具体的两个层面之间,恰当的州一级的经济政策可以兼顾这两个层面,即一方面符合宽泛的"做好准备"的政策要求,另一方面着眼于地方经济竞争力的优势和劣势之所在。如同小镇一样,各州经济的主导者是既定的,只不过不是个体的饲养场或工厂。各州经济通常都是以一个或多个公司集团及与之密切相关的某个产业为核心而建立起来的,这使得每个州都有着自身独特的竞争力优势。

一些公司集团(有时被称为"集群")非常有名,如硅谷、底特律市周围的战后汽车工业。还有一些集团虽然不那么有名,但在地方经济中也是非常重要的。无论是金融、医疗保健、聚合物、珠宝、房屋建造、家具或其他产业和部门,这些地方经济的领头羊将其他各类经济活动吸引到当地,相关的技术工人因寻求更好的发展机会而来到当地。供应商希望能和它们的客户毗邻而居,为的是更好地满足客户不断变化的需求。从银行到风险资本和早期的"天使"①等投资者在公司的发展初期就提供了支持,与地方产业的发展保持一致,对公司进行比较,并同成功的经营者洽谈业务。

这些投资者、公司、供应商以及工人们的密切联系,能带来信息的交流并有利于促进创新和生产力的提高。或许最为重要的是,正是在他们的共同努力之下,地方更容易出现新的企业,这不仅创造了新的岗位,而且也增加了已有公司的竞争压力,促使它们不断提高生产力并进行创新。

因此,各州除了在"做好准备"的政策中扮演重要角色之外,它们还应在第二个目标中发挥关键作用,即明确各州的经济竞争优势并利用现有条件不断加强这一优势。

四、发 挥 作 用

因此,各州在促进经济发展中有两项使命。首先是"做好准备",即为经济发展提供一个良好的平台中成为联邦政府的得力助手。其次是明确各州的竞争优势,并据此制定更具针对性的政策。这两项使命交融在各州内部的各项事务中。本《行动呼吁》仅就 K - 12 年级教育、中等后教育及研究、开发和加强商业等三项内容展开论述。

1. K - 12 年级教育

通常来说,高薪工作的共同特征是高级的知识和技能。基于美国所取得的进步以及国际比较研究的结果,美国向年轻一代提供的为高薪工作做准备的教育是不平等的。在全球化经济中,为技术未来做好准备的任务始于 K - 12 年级的教育,即美国学生开始学习数学和科学之时。来

---

① 天使投资是自由投资者或非正式风险投资机构对原创项目或小型初创企业进行的一次性的前期投资,天使投资属于一种风险投资,是一种非组织化的创业投资形式。天使投资人又被称为投资天使,它是创业者的伯乐,也成为推动技术创新和发展的重要动力。

自全美教育进展评估（NAEP）机构的最新数据表明，2003 年至 2005 年，美国 4 年级和 8 年级的学生取得了全面的进步，更高比例的 4 年级和 8 年级学生达到了或高于基本和熟练的技能水平。然而 1995 年至 2003 年间，美国 4 年级学生的数学成绩在 TIMSS 中的排名呈下降趋势。此外，在 2003 年的 PISA（国际学生评估项目）中，美国 15 岁学生将数学概念应用于现实问题的能力在 39 个国家中排在第 24 位。

科学方面的数据亦是如此。同 2000 年的 NAEP 评估相比，2003 年 4 年级学生的成绩有了提高，而且达到或高于基本和熟练水平的学生比例也有所提升。然而，8 年级学生的成绩却没有提高，达到或高于基本和熟练水平的学生比例也没有明显变化。12 年级学生的成绩同 2000 年相比稍微有所提高，但仍然明显地低于 1996 年的水平。在 1995 年至 2003 年间，美国 8 年级学生的科学成绩在 TIMSS 排名中不断上升，但 4 年级学生的成绩在同一时间段内却呈下降趋势。在 PISA 的科学素养评价中，15 岁学生的成绩略低于经合组织成员国的平均水平。

各州必须接受这一挑战，正如它们接受测量与评价的挑战以及对美国高中进行改革一样。在初等和中等学校中教授数学和科学以及技术和工程是"做好准备"的重要一环。它使学生能在以后的教育中掌握高价值的技能，解决问题，成为创新者和实验者，并最终成为日益要求具有科学问题意识的社会中的有效公民。这一点在州一级还有着特殊的优势，因为培养文化素养和计算能力可以帮助用人单位节省培训开支。

2. 中等后教育

各州主要通过州立大学和社区学院决定着中等后教育的特征，同样的，相关数据也是喜忧参半。一方面，美国公立大学授予越来越多的计算机和信息科学学位以及生物学学位；另一方面，和 20 年前相比，获得数学、物理和工程学学位的学生人数明显下降。与此同时，数学、物理和工程学的博士学位有所增加，但如今 55％的工程学博士学位和 38％的物理学博士学位授予了持签证的外国学生。与之相似，在最近四年中，科学相关学科的学士学位数有所增加，这主要体现在计算机和信息科学、数学和统计学等学科。然而同 10 年前相比，只有计算机和信息技术的学位数有了显著提升，比所有其他学位授予数增长得都快，而工程学、数学和物理学的学位授予数则呈下降趋势。

除了增加中等后教育机构在数学和科学相关学科所授学位数之外，各州应当让中等后教育机构同各州内部的工商企业进行密切的接触和交流。州立大学和社区学院可以和大型公司及产业界合作，以此来明确维持这类企业的竞争力所需要的各类技能。社区学院更应关注大型用人单位所需的培训和技能。中等后教育机构和州内最主要的工商部门之间的定期沟通也能促使这两类机构之间的相互了解，以便于公司招聘员工和学校推荐学生就业。

中等后教育体系还面临着一个更主要也更为长期的问题。美国高等教育体系已经成为美国经济的核心，在为国家输送诸如科学家、工程师、技师、管理人员一类的创新人才的同时，高等教育还承担了绝大部分公共资金资助的研究工作。然而在过去的几年中，其他国家和地区通过成功地复制和提升这一模式而打入了全球市场。此外，如今美国各大学间相互竞争，热衷于通过在国外设立分校进入国外市场，而不是将外国学生吸引到美国来。

上述趋势要求我们重新思考高等教育所扮演的角色。一直以来，高等教育的目标都是培养具有社会、商业和文化素养以及领导能力的公民，但这些概念一直处于快速的变化之中。如今，企业家精神和预见未来的能力受到了高度的重视。随着计算机所带来的分析工作的自动化，以及对利用判断、直觉和创造力把握现实的能力的推崇，人们解决问题的方式也发生了变化，对多样化主题进行整合与掌握单个主题变得同样重要。在团队或小组中共同工作的能力，通常是与来自不同地域和文化，且有时仅在网络上进行接触的他人进行合作的能力，是一种至关重要的现代技能。我们应当如何利用大学和学院来培养新世纪的公民和领导者，并建立一种与应对全球化和技术进步之挑战相适应的经济基础？整个大学体系应当如何与因促进创新和企业家精神而至的挑战相吻合？对这些问题的答案尚不明朗，但这一代的州长们应当重新思考高等教育的角色：什么样的新模式才能引领美国走向更高水平的创新和繁荣?

3. 研究、开发和加强商业

联邦政府是研发中最关键的公共部门资助者,但各州政府同样也应发挥重要作用。联邦的研究通常是基础研究,属于为后续的研究发现打基础的科学工作。这不同于应用研究,即将研究发现应用于与之相关的领域以解决日常的实际问题。实际上,近几十年来,联邦政府为基础研究提供的资金在经济中所占的份额一直稳步上升,但在应用研究上的投入则基本保持不变。

应用性的研究和开发指向特定的产业目标,正因如此,各州政府最适合于此类目标并为应用研究提供支持,而一些州已经开始采取这样的行动了。此外,这些州将它们的研发资助同本州新企业的创建和发展相结合。在 2004 年,加利福尼亚州经投票者授权成立了加利福尼亚再生医药研究所,并以债券的形式在未来 10 年中为该研究所提供 30 亿美元。该研究所的首要目标是向加州的公立和私营组织提供资助和贷款,以支持干细胞研究。加利福尼亚州还通过该研究所保留了部分授予许可证的权利,并将其作为一种资助条件来开发商业用途的产品。另外,康涅狄格州、俄亥俄州和威斯康星州同样也向干细胞研究提供了资助。

密歇根州在 2000 年开始了一种名为聪明地带(Smart Zones)的项目,用另一种方式促进该州的研发进程。聪明地带由来自城市、地方工商社团及高等教育机构等 10 个合作伙伴组成,每个合作伙伴都有一个特定的研究目标,旨在促进各自领域的创新。

总体而言,密歇根州预计 10 个聪明地带内的合作伙伴一共保住了3 000 个已有职位,并创造了 3 300 多个新职位。除了州政府投入的 2 500万美元启动资金之外,其余的资金由各地政府承担,这一杠杆作用使得该项目吸引了当地其他公立和私营机构的资金。预计聪明地带项目总计获得了超过 4 亿美元的投资。

最后一个例子来自俄亥俄州名为第三边境(Third Frontier Project)的项目。这是一个为期 10 年、总资金达 16 亿美元的计划项目,旨在培育世界一流的研究能力,为开发新产品的早期资本形成提供支持,并资助先进的制造技术以提高现有产业的生产力。该项目的拨款旨在帮助高等教育、非营利性的研究团体和州内企业根据州内的研究加快产品的商业开发。据估计,第三边境项目到 2005 年底已经为该州创造了近 2 000 个职位,并为这些职位支付的平均年薪达 75 000 美元。

除了着眼于创新,这类项目的共同特征便是强调鼓励企业家精神和企业的创建。新的企业是新思想、新发明和新投资进入地方经济的典型渠道。此外,一些全国性研究表明,新建企业提供了制造业中的 1/3 工作,另外 1/3 的工作来自那些当年增长率超过 25% 的企业。

各州应当着眼于这些新企业和快速发展企业,除了强调研发外还要制定鼓励企业家的政策。各州可以为新的小型企业提供"孵化器",在创业初期为它们提供开支和后勤方面的帮助,并提供各类资源。各州可以使用自己的资金,也可以与"天使"计划投资合作,为快速发展的新公司提供帮助,提升各州现有企业团体的经济实力。各州也可以利用中等后教育体系来培育企业家精神。

五、提升各州竞争力:路漫漫

上述各项措施都要以各州寻找自身竞争优势和克服劣势的真实意愿为前提。这有赖于各州决策者的能力和判断力,以及同遵循公共透明度标准的私营部门进行协商的能力。但各州再也不能只是提供一种宽泛而中立的框架,让一切都顺其自然。相反的,它们应当制定政策,对所拥有的资产进行控制。与此同时,各州也不能在日益激烈的投标战中让公共资金流向越来越少的企业。这些资金流向出价高的企业,在没有促进当地经济合作的情况下不可避免地增加了公共服务的需求,常常无法履行既定的义务。

本《行动呼吁》提供了一个全新的视角,即呼吁各州加快自身的创新步伐。由计算机和通讯革命所带来的全球竞争已经使得地球上的每一个角落都成为竞争者。与此同时,这一全球化的竞技场已经使得在州一级所发生的事情变得日益重要。如今,各州都有机会通过为经济发展"做好准备",建立一个符合地方经济环境的创新系统来增强自身的竞争力。这就是"高速路",因创新和持续的生产力发展而致的真正的竞争力之路!

附录 2
激活美国的潜力：
为了创新计划的教育①

[美]企业圆桌会议　等

致关心美国未来的领导人：

我国最卓越的 15 个企业组织,在此共同表达我们对美国在未来 10 年或更长时间中维护其科学和技术优势的能力的深深关切。为了保持我们国家在 21 世纪的竞争力,我们必须培养未来创新所必需的技能娴熟的科学家和工程师。

我们的目标是使具有学士学位的科学、技术、工程和数学学科毕业生的人数到 2015 年翻一番。

美国在维持世界科学领袖地位时与其他国家进行着一场激烈的竞赛。但其他国家正显示出开发其脑力资源(brainpower)的更大决心和承诺。请考虑如下的事实。

---

① 企业圆桌会议(Business Roundtable)是美国大公司首席执行官的一个协会,属于非盈利性组织,其成员公司占据了美国股票市场总值的近二分之一份额,上交联邦政府的收入税占美国所有公司上交收入税的近三分之一。企业圆桌会议致力于促进美国经济增长,确保美国拥有未来竞争所必需的受过良好教育和培训的劳动力. 并关注对美国经济福利产生影响的各种问题,包括教育问题。它旨在较早地发现问题并试图理解政府和企业界所面临的问题,而《激活美国的潜力: 为了创新计划的教育》(*Tapping America's Potential : The Education for lnnovation Initiative*)则是企业圆桌会议在教育问题上的一种努力。它是企业圆桌会议会同其他 14 个组织于 2005 年 7 月提出的、近年来在美国较引人注目的一份有关教育问题的报告。该报告由赵中建译自企业圆桌会议网站:http://www. businessroundtable. org/pdf/20050803001TAPfinalnb. pdf. ,原发表于《全球教育展望》2006 年第 12 期。

日益增强的国际竞争:

如果目前的趋势继续下去,那么到 2010 年世界上 90％多的科学家和工程师都将生活在亚洲。

韩国虽只拥有美国六分之一的人口,但却毕业了与我们相同数量的工程师,日益依赖在美国工作的外国人才其效用却在减少:

美国工程类学院所授予的 50％多的工程学博士是外国出生的。

然而,对安全的关注正在减少在美国学习和工作的外国学生人数,而与此同时这些学生却有越来越多的机会在自己国家和其他国家进行学习和工作。

美国国内令人担忧的趋势是:

美国授予的工程学位数已从 1985 年的顶峰期下降了 20％。

尽管美国四年级学生的分数可以很好地与国际竞争,但在十二年级的数学和科学领域却相应地跌至最底线。

我们这些组织强烈地感受到,美国必须强劲地回应这一挑战,就像我们在 1950 年代回应苏联发射人造卫星的挑战一样。为了维持美国在 21 世纪的技术领导地位,我们必须确立并实现一种颇具雄心的目标:我们必须使今天具有学士学位的科学、技术、工程和数学学科毕业生的人数到 2015 年翻一番。

当前诸如《不让一个儿童落后法》一类的联邦教育改革计划和各州重新设计高中的努力,提供了一种可以依赖的基础。然而,为了维持美国在科学和工程领域的竞争力,我们需要一个应由公立和私营部门共同努力实施的、重点集中且长期的综合性计划,以便:

1. 在使提高科学、技术、工程和数学成绩成为一项国家优先事项方面建立公共支持。

2. 运用各种激励方式来激发美国的学生和成人去学习科学、技术、工程和数学并进入这些领域工作,对于当前未被充分代表的群体中的学生和成人要给予特别的支持。

3. 提升 K - 12 年级的数学和科学教学来促进更高的学生成就,包括为数学和科学教师提供有差异的工资等级。

4. 改革签证和移民政策以使美国能够吸引并留住世界各国最优秀的科学、技术、工程和数学学科的学生前来美国攻读高级学位课程并留在美国工作。

5. 推进并维持对基础研究，尤其是物理科学和工程研究的资助。

以上建议以及之后《激活美国的潜力：为了创新计划的教育》中的陈述，是对一些享有威望的公立和私营部门就需要鼓舞、招募和培养大量国内技术人才所表达的警告作出的回应。这对于我们国家的安全和持久的繁荣至关重要，对此我们应立即采取行动。

为了创造实现这一目标所需要的动力要素，我们呼吁企业界领袖与联邦、州和地方各级政府官员团结起来。我们致力于提供领导和持续的努力，是帮助美国人民认识问题的维度和迫切需要的解决方法所必需的。

真诚的：

企业—高等教育论坛（Business-Higher Education Forum）执行主任 Brian K. Firzgerald；美国电子协会（AeA）主席兼首席执行官 William T. Archey；企业圆桌会议（Business Roundtable）主席 John J. Castellani；竞争力委员会（Council on Competitiveness）主席 Deborah L. Wince-Smith；美国信息技术协会（Infformation Technology Association）主席 Harris N Miller；信息技术产业委员会（Information Technology Industry Council）主席 Rhett Dawson；少数族裔企业圆桌会议（Minority Business Round table）主席兼首席执行官 Roger Campos；全国制造业者协会（National Association of Manufacturers）主席 John Engler；全国防卫产业协会（National Defense Industrial Association）主席兼首席执行官 Lt. Gen. Lawrence P. Farrell, Jr., USAF（Ret.）；半导体产业协会（Semiconductor Industry Association）主席 George M. Scalise；软件和信息产业协会（Software & Information Industry）主席 Ken Wasch；技术网（TechNet）主席兼首席执行官 Lezlee Westine；技术产业首席执行官委员会（Technology CEO Council）执行主任 Bruce Mehlman；无线通讯产业协会（Telecommunications Industry Association）主席 Matthew J. Flanigan；美国商会（U. S. Chamber of Commerce）主席兼首席执行官

Thomas J. Donohue

一、陈　　述

本报告由美国电子协会、企业—高等教育论坛、企业圆桌会议、竞争力委员会、美国信息技术协会、信息技术产业委员会、少数族裔企业圆桌会议、全国制造业者协会、全国防卫产业协会、半导体产业协会、软件和信息产业协会、技术网、技术产业首席执行官委员会、无线通讯产业协会和美国商会等机构提出。

约在 50 年前，苏联因发射人造地球卫星而震惊了美国人，这是地球上第一颗绕轨道运行的卫星。美国的回应是迅速而激烈的。在之后一年不到的时间里，艾森豪威尔总统签署了《国防教育法》，这是恢复美国科学领先地位之努力的主要部分。①

今天，我们国家面临着一次更为严峻的挑战，即使不那么显而易见。美国经济繁荣的支柱之一——我们科学和技术的优越性——正开始萎缩，而此时其他国家则在开发着他们自己的人力资本。

如果我们去等待另一个剧烈的事件——一枚 21 世纪的人造卫星——那就太迟了。或许不会有进攻，不会有突然显露的时机，也不会有即刻显示其威胁的临头大祸。但是，却会有缓慢的摧毁，逐渐的下降以及在自满的美国与那些富有动力、决心和愿景来取代我们的国家之间不断扩大的鸿沟。

历史上充满着世界经济发展的事例——那些曾经优势明显但因为近

---

① 《国防教育法》(the National Defense Education Act., NDEA)于 1958 年颁布，其初始资金为 1 亿 1530 万美元。它为美国各级各类教育提供了支持，其重点是增强学生在数学、科学和现代外语等学科的知识。高等教育机构得到了资本资金(capital funds)的 90%，用于低息学生贷款。受《国防教育法》支持而受到教育的 K - 12 年级教师之后每从教一年就可豁免部分贷款(从教 5—7 年，豁免的额度可达到 50—100%)。《国防教育法》还为初等和中等教育的改进提供一般性支持，但对联邦控制或影响任何教育机构中的课程、教学、管理或人员都有法定的禁止(sratutory prohibitions)。科学、技术、工程和数学劳动力(STEM workforce)中的许多个人(今天大多是 50 到 60 岁的人)都将《国防教育法》援引为支持他们获得研究生学位的主要资源。

视的且固步自封的选择而日渐衰落的例子。

美国正处在我们自己历史上的这一关键点上。

事实上，代表着企业、研究和教育的每一个受人尊敬的重要组织以及政府的科学和统计机构或委员会，都已详细记录了美国科学、技术、工程和数学中的危急现状。这些指标既记录了美国的创新如专利和科学论文方面可测量的衰落，也记录了亚洲主修这些学科领域的学生人数的不断上升，记录了美国学生缺乏对数学和科学的兴趣及其不佳的成绩。

警告性的征兆主要如下：

外国的竞争：中国不仅毕业的工程师在人数上是美国的四倍，而且它还实施着有利的免税政策来吸引各种公司在中国从事研究和开发。

对工程的兴趣：在 2002 年参加大学入学考试的美国 1 100 万高中四年级学生中，只有不到 6% 的学生计划修读工程学位课程，这一数字与前 10 年相比下降了近 33%。

学生的成绩：在最近一次 15 岁年龄组数学问题解决技能的国际评估中，与其他参加评估的发达国家相比，美国拿到高分的学生比例最小，而拿到低分的比例却最高。这并不奇怪，因为近 70% 初中生的教师本身就没有主修过数学或拥有数学证书。

基础研究的投入：美国自 1970 年代以来，对物理科学领域中基础研究的资助在国内生产总值（GDP）中的所占百分比下降了一半（从 0.093% 减少到 0.046%）。

在 20 世纪的大部分时间中，美国教育系统培养了维持并提高我们生活方式所需要的绝大多数人才和技术娴熟人员。此外，我们通过美国科学事业的高端设施和财政资助，借助科学家对在自由社会生活的向往，吸引了许多外国科学家来美国进行研究。

然而今天，由于美国的经济更加依赖于拥有更多知识和专门技术的工人，美国国内合格工人的供应无法跟上这种对于技能的要求。雇主们愈发想要聘用的人员是：不仅能很好地据令行事，而且能不断进行创新的人。一位经济学家曾估算，"在教育措施方面跟随其他的发达国家，一年中可能会减少美国经济增长的半个百分点"。所有的预测研究都表明，国内人才供需之间的差异矛盾将会愈益凸现。在美国人对科学、数学的兴趣和熟练程度不断下降的同时,美国产业界却已经越来越依赖——有人说是过度依赖——外国人来填补各个领域对人才的需求,因为这些领域要求其人员在科学、技术、工程和数学方面拥有坚实的基础。

一系列的发展——包括"911"之后对安全级别的提升,以及不断增强的来自其他国家对外国人才及其技术能力在其本土国家工作的竞争——强调了美国需要更多科学和技术上的自给自足。美国总是欢迎其他国家最优秀最聪慧的人才来这里学习和工作,我们应该继续这样做。但是,我们既不能够也不应该过分依赖外国人才来填补教学、研究和工业领域的重要岗位,而应重视本国人才的培养。

二、从话语到行动

最近,许多报告和综述在针对"为了保持自己在科学和工程领域的卓越地位并为增长中的美国经济所创造的高技能工作岗位培养未来的劳动力,美国必须做些什么"所提建议上达成了惊人的共识。来自各个著名委员会和工作小组的企业首席执行官、大学校长、国会议员、政府部长、各州州长、诺贝尔奖获得者、科学家、数学家、研究专家和教育家们一致认同:如果美国不立即采取进攻性的战略行动,那么美国就会面临生活水准的下降。

那些看见国内的问题和国际上日益加剧的竞争的人士,心中有一种紧迫感,这成为采取行动的催化剂。那些研究了或经历了这一挑战的人士,必须在促进更广泛地理解什么是最为危急的方面提供领导,并为采取正确的路线提供支持。

苏联在 1957 年以人造地球卫星击败美国时,美国人所面临的震惊助产了协同的愿景以及集中的精力、注意力和投入。尽管当前一系列的政策计划在实施,但却没有一项政策计划与这种愿景、精力和投入相匹配。我们需要一份后人造卫星时代国家致力于加强科学、技术、工程和数学教育的 21 世纪文本。我们需要公立—私营部门间的伙伴合作来促进、资助并执行新的国家教育创新计划（Education for lnnovation lnitiative）。这一计划必须远比 1958 年《国防教育法》的内容更为丰富，因为联邦立法只是一种更为综合的庞大议程的一个组成部分。

联邦政府必须在这一努力中发挥关键的作用。我们理解州和地方社区决定着我们公立教育制度的管理和绝大多数的资金，我们知道私营部门必须而且能够为此做得更多。然而，这是一个需要国家领导（national leadership）的国家问题（national problem），这是一种为推动州、地方、私营部门和个人采取关键行动的国家目的的意识。

我们坚信，联邦政府在制定其"精明的投入"以确保我们国家未来的同时，能够维持其财政准则并限制任意支配的花费，这将需要作出艰难的选择，但如果是国家利益驱动着决定，那么资源总是能够找得到的。我们认为，我们将不得不把我们的情况告诉美国人民，同时寻求政治支持，把这一问题列入国家最高议事日程。

教育改革为何是必需的但又是不充分的？

美国每年用于初等和中等教育的经费超过 4 550 亿美元。人们在这一数额是否足够及是否有效使用方面尚无一致的看法，但在资源和改革必须协力配合来产生可接受的结果方面，人们的意见却是一致的。

国家和州改进美国数学和科学成就的既往努力清楚地表明，这些努力不能与提高整个美国的教育制度——学前教育到十六年级——之整体质量和结果的需要相脱节。这就是为什么企业界要在如下方面作出支持：支持高质量的早期幼儿教育，实施《不让一个儿童落后法》，落实"2005 年高中问题全国教育峰会"（2005 National Education Summit on High Schools）通过的《提高美国高中行动议程》（Action Agenda for Improving America's High Schools），①必须在道德和经济层面解决近三

---

① 2005 年高中问题全国教育峰会发表的《提高美国高中行动议程》呼吁州长以及企业界和教育界领袖为各州提出一份综合性计划，恢复高中文凭的价值以确保毕业生做好读大学和做工作的准备，重新设计美国的高中，给高中学生配备他们所需要的卓越教师和校长，让高中和大学对其学生的成功负责，使教育管理精简合理。相关信息可从如下网址获得：http://www. achieve. org/achieve. nsf/2005Summit? OpenForm 和 http://www. nga. org。

分之一的青少年在高中毕业前就辍学这一现实问题,扩展特许学校,让更多的人接受并完成高等教育。最近,地方、州和联邦因《不让一个儿童落后法》而对缩小多数学生和少数学生之间的学业差距的重视尽管姗姗来迟,但已初见成效。① 这些教育改革计划代表着显著的进步,但它们必须受到本文件所提建议的补充,因为科学、技术、工程和数学的改进必须应对如下四种独特的挑战。

1. 私营部门吸干了教师人才库。那些数学和科学专业的大学毕业生在私营部门工作比他们当教师可以挣更多的钱。更为聪明的学生还发现,私营部门中基于业绩的报酬比基于工作年限和学位的教师薪水计划更具吸引力。

2. 循环的就业趋势。私营部门中的劳动力供应对于经济的变革特别敏感。每年科学和工程专业人数的增加和减少与雇佣和解雇的循环联系密切;毕业生的供应明显地落后于经济复苏的步伐。为了计算这些趋势对学生专业选择的影响,高中生和大学生需要获得关于科学、技术、工程和数学学位之于他们的广泛机会的更多信息。

3. 政府的安全需要。那些进行着敏感的国家安全研究和发展的美国政府机构和公司必须雇佣合格的美国公民,这一要求反映了对国内人才的进一步需要。

4. 婴儿潮的退休。当前科学和工程领域的劳动力中超过 50% 的人正接近退休,这一空缺需要有来自更为多样化人口中的大量新人来填补。

三、若 干 建 议

根据美国国家安全/21 世纪委员会(U. S. Commission on National Security/21st Century)2001 年的报告及企业—高等教育论坛(Business-Higher Education Forum)2005 年的报告,我们其中在 10 余份报告中确

---

① 2005 年 7 月 14 日公布的全国教育进展评估(NAEP)长期趋势评估分数显示了九岁儿童在阅读方面的成绩,以及非裔美国人和西语裔学生之间阅读成绩差距的消除。NAEP 的数据还显示了 9—13 岁学生在数学方面的显著进步以及成绩差距的消除。

认了即使在财政预算困难的今年也可实施的一部分核心建议。这些建议或许需要逐步地予以实施，然而为了实现使科学、技术、工程和数学毕业生人数到 2015 年翻一番的目标，我们必须尽快地提前若干年就重视会影响学生现在作出选择的五个关键领域（在括号中为五个关键领域中所建议的每一项行动明确了谁应承担主要责任）。

1. 对把科学、技术、工程和数学的提高列为国家重要事项提供公共支持。

发起一场帮助家长、学生、雇员和社区领导理解为什么数学和科学对于个人成功和国家繁荣是如此重要的运动（企业界）。

扩展州级学者计划（the State Scholars Initiative）以鼓励学生在高中阶段修读严格的、核心的学术课程，并提供角色榜样、工程师和科学家所做工作的真实世界的其他事例。（企业界）

2. 激励美国的学生和成人去学习科学、技术、工程和数学并进入这些领域工作，要给予当前不利群体中的人员以合适的努力机会。

为在科学、技术、数学和工程专业修读二年制、四年制及研究生学位的学生（包括那些准备到中小学，尤其是特别贫困的中小学教授数学和科学的学生）创设更多的奖学金和贷款豁免计划。要利用好现有的各项计划，如国防部的科学、数学和转换研究（Science, Mathematics and Research for Transformstion, SMART）计划、国家航空航天管理局（NASA）的科学和技术奖学金计划（Science and Technology Scholarship Program）、国家科学基金会（NSF）的罗伯特·诺伊斯奖学金（Robert Noyce Scholarships）计划，以及为中学数学和科学教师设立的金额达到 17 500 美元的联邦贷款豁免计划和面向在高中成功完成核心学术课程之合格学生的补充佩尔助学金（Supplement Pell Grants）计划（联邦政府、州政府、企业界）。

通过扩大诸如国家科学基金会的科学、技术、工程和数学人才扩展计划（Science, Technology, Engineering and Mathematics Talent Expansion Program, STEP Tech Talent）一类的计划，以及提供诸如专业科学硕士（Professional Science Master）之类的计划，来提高科学、技

术、工程和数学专业本科生的保持率。专业科学硕士计划鼓励大学生修学学术课程之外的将科学和数学与企业需要相整合的学科领域,鼓励私营部门参与企业界和大学之间的合作,而这种合作为增加毕业生人数建立了清晰的指标(高等教育、企业界、联邦政府、州政府)。

通过加快调查的过程来消除阻碍许多美国公民——毕业的学生和成人——进入关系到国家安全的科学、技术、工程和数学等关键职业的安全调查(联邦政府)。

为最近毕业的大学生或那些已工作但已获取资格证书的人士提供优厚的奖学金(fellowships),他们同时承诺在位于特别贫困社区中的学校教授5年的数学和科学(联邦、州、企业界)。

为数学和科学成绩优秀的学生创造更多的机会,诸如高级课程、数学或科学的浸润式体验、公司实习、特许学校、地方磁石课程计划和地区或州的磁石学校(州政府、企业界)。

引入包括有严格的内容和真实世界的工程和科学体验的课程,这样学生就能了解做这些工作意味着什么,需要做什么才能实现目标以及这些工作领域是如何令人激动的(学区、企业界)。

3. 提升 K-12 年级的数学和科学教学以促进更高的学生成就。

促进基于市场的和基于业绩的报酬和一揽子激励措施,来吸引并留住优秀的数学和科学教师。为高中教师、退休人员和其他合格的专业人士提供部分时间制教授这些学科的灵活性。可以利用《不让一个儿童落后法》所规定的资源来开发选择性教师报酬制度和人们所建议的联邦教师激励计划,这些资源在帮助解决数学和科学教师短缺问题方面具有特别重要的作用(企业界、学区、州政府、联邦政府)。

支持成本有效的专业发展和其他技术援助来弥补教师在内容知识上的准备不足,并使他们做好有效讲授学科内容的准备。促进并加强利用联邦教育实验室、地区技术援助中心、《不让一个儿童落后法》和颇受重视的数学和科学伙伴合作(Math and Sceicne Partnerships, MSP)计划中的现有资源,来支持最佳的实践。要特别重视在那些没有取得"适当年度进步"(AYP)的学校中教授数学的教师(州政府、学区、高等教育、联邦政府、企业界)。

通过利用《高等教育法》和各州有关学院和大学政策中的激励措施，来培养更多的数学、科学和工程专业的学生，并加强针对预期的数学和科学教师的培养课程计划(联邦政府、州政府、高等教育)。

在《不让一个儿童落后法》中针对数学和科学教师加入和加强高度合格教师的条款，以确保这些教师在分配他们所教授学科方面拥有必备的知识(联邦政府、州政府)。

发起一项"尔后是数学"(Math Next)的计划，以作为美国教育部重视"阅读第一"(Reading First)计划之合理的下一步(联邦政府、州政府)。

为任何没有提供高级数学和科学课程的初中或高中学生提供高质量的在线选择途径和中学后学习选择(州政府)。

4. 改革签证和移民政策以使美国能够吸引和留住世界各国最优秀最聪慧的科学、技术、工程和数学学生，来攻读高级学位课程并留在美国工作。

为在美国大学上述学科领域获得高级学位的外国学生提供获取永久居留的快速通道(联邦政府)。

通过消除国土安全部的要求来确保外国学生获取必要签证的及时过程，这些学生到美国大学是来研究科学、技术、工程和数学的(联邦)。

5. 推进和维持用于基础研究，尤其是物理科学和工程学的资金投入。

每年至少增加 7% 的投入以使研究能赶上经济增长和通货膨胀的速度，①以此转变在整个研究和开发投入中联邦份额下降的趋势，尤其是国家科学基金会的物理科学和工程的基础研究、美国国防部的基础研究项目、国家标准和技术研究所(NIST)和美国能源部科学办公室(U. S. Department of Energy Office of Science)的项目(联邦)。

作为第一步，联邦政府中所有与此问题密切相关的部长——国防部、

---

① 联邦在研究方面的努力必须与经济的全面增长保持一致，而不是下降，因为它还包括生物医学研究。7% 来自 3%(GDP 的实际增长)加上 4%(国家卫生研究院和高等教育价值指数)之和。

教育部、国土安全部、商务部、劳工部和能源部——应该会聚一堂来商讨他们如何才能最有效地动员起来解决这一问题。为了获得成功,要求用一种战略方法对相关的联邦项目计划重新予以授权,要求全政府范围内重视联邦和州的机构、动态性的公立—私营部门的伙伴合作,要求经常利用白宫以及精力旺盛的私营部门的领导和投资。致力于鼓舞和教育能熟练应用数学和科学的新一代美国人,并为之不懈奋斗。

四、结 论

这一陈述关注了在今年就可予以实施的行动。这对于解决问题足够了吗? 绝对不够。显而易见的是,一项成功的国家"教育创新计划"需要一份与各州结为合作伙伴的综合全面的长期计划。然而,我们必须现在就这样前行。

企业界领袖为此议程而团结起来。我们将与管理界、国会议员、州长、教育家、学院和大学以及成员公司一起工作,来明确立法的、调整的、计划的和公司博爱的具体传递方式以通过这些建议。我们将提供帮助美国公众认识到问题的症结和实施解决办法的紧迫性所需要的领导。

我们必须既不忘我们的历史也不忘我们的身份。曾经,我们是这样的人民:领先开拓空间,建立第一条大规模生产流水线,发现牛痘疫苗,利用原子力,迈上月球第一步,发展了世界上最好的私营和公立的生物医学研究事业。现在,我们依然是这样的人民。只要我们决心去迎接挑战,我们仍然能战胜困难。随着第二次世界大战接近尾声,国会通过了退伍军人法案(GI Bill),从而在 1944 年至 1956 年间向教育投入了几十亿美元,并使近 1 000 万退伍军人享受到培训的益处。或许,这在美国历史上没有比这更大的对人力资本的投资,这种投入对美国纳税人的回报是无可估量的。

不论在国内还是国外,现在这一代都面临着一种全新的挑战。亚洲和欧洲的所有国家都在教育和培训着它们的公民,并在开发新技术、发明新疗法和发展新领域的人才方面与美国展开了竞争，而且在某些方面正超越美国。如果我们想当然地认为我们拥有科学和技术的绝对优势，那我们就在冒失去这一优势之风险。我们目前所缺乏的不是回应挑战的必要资金，而是回应挑战的意志。团结起来，我们必须确保美国的学生和工人具有数学和科学的扎实基础，这样他们就能获得成功，这样美国的数学家、科学家和工程师就不会成为濒临灭绝的物种。